CH. BARET

Propos d'un homme qui a bien tourné

BARET

PRÉFACE
DE
TRISTAN BERNARD

PROPOS D'UN HOMME QUI A BIEN TOURNÉ

DU MÊME AUTEUR

Au Pain sec, Un acte en prose.

C'est ma Tournée, Album illustré par JOB.
Préface de A. CAPUS.

EN PRÉPARATION :

La Cuisine de la Gloire.

CH. BARET

Propos d'un homme qui a bien tourné

PRÉFACE
DE
TRISTAN BERNARD

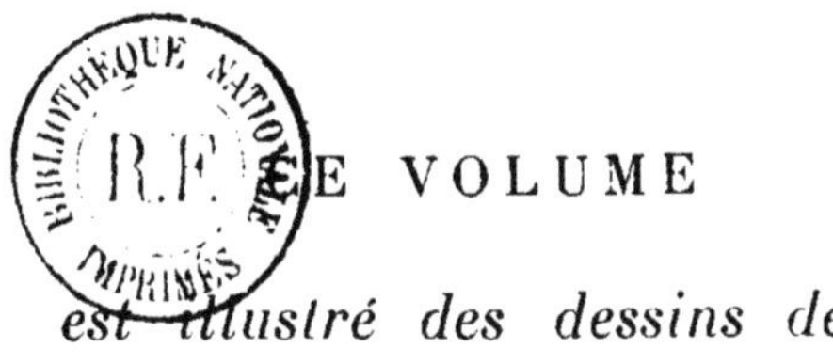

CE VOLUME

est illustré des dessins de :

J. Abeillé

A. Barrère

R. Bertrand

Choubrac

De Losques

J. Grün

Huart

Jossot

H. Lucas

Millière

Neumont

O'Galop

B. Rabier

Sem

PRÉFACE

MON CHER BARET,

En lisant votre livre, si amusant et si vivant, je me suis rappelé mes souvenirs de Tournée... Je suis allé un jour dans une ville du Centre pour voir jouer une de mes pièces... Ce n'était pas vous qui la tourniez. C'était un impresario qui faisait ses débuts...

Il était joyeux et plein d'espoir. Trois précédentes représentations dans trois autres villes avaient donné des résultats assez lamentables. Mais il ne s'en inquiétait point... Il répétait : « C'est les débuts, c'est les débuts ! » Or, jusqu'au bout de la Tournée, ce furent les débuts...

La ville où je débarquai avait fait les plus aimables préparatifs pour me recevoir. Sur le sol de toutes les rues que je traversai, s'étalait un épais tapis de boue et de neige fondue. Une brume fraîche adoucissait l'éclat, pourtant bien timide, du jour. Dans les boutiques, quelques illuminations modestes. Un bec de gaz perçait avec peine les ténèbres d'une petite librairie.

L'impresario était venu me chercher à la gare. Pour nous rendre à l'hôtel, nous longeâmes une rue sans maisons. Cette rue était bordée de murs et de très grandes affiches en couleurs annonçaient ma pièce aux passants qui auraient pu passer.

Après le déjeuner, nous allâmes faire visite au Directeur du théâtre. C'était un quinquagénaire charmant et désabusé. Il nous expliqua qu'il ne jouait plus que le dimanche et nous déclara qu'il n'y avait pas de ville en France où l'on aimait moins le théâtre.

— Allons, pensais-je, je suis bien tombé. Mais mon impresario me dit à la dérobée : « Ils disent tous ça ! »

Ce qui n'était tout de même pas très rassurant.

Le Directeur énuméra tous les acteurs qu'il avait engagés dans sa troupe. Il nous cita quinze noms que nous ignorions si totalement qu'il fallut bien hocher quinze fois la tête. Puis il nous apprit que Cyrano *avait passé dans la ville la semaine d'avant, qu'on avait fait une belle recette et que la population avait son compte de théâtre pour cinq ou six mois.*

Nous ne fûmes cependant pas très impressionnés par ces paroles. En mon compagnon et en moi vivait cet espoir tenace que tous les fâcheux pronostics seraient entièrement démentis.

Ils furent absolument confirmés... Mon impresario, en constatant à neuf heures et demie du soir le maigre total de la recette, prit à son compte les lamentations du Directeur. Il en fit même des récriminations sérieuses et se plaignit vivement qu'on l'eût laissé venir dans la ville sans le prévenir que ce terrible Cyrano *avait passé, drainant l'argent de poche et de menus plaisirs de tous les habitants.*

Vers la fin de la soirée, au moment de la reddition des comptes, l'affaire s'envenima...

Pour imiter dans ma pièce des coups de feu qui étaient tirés à la cantonade, on avait tapé énergiquement avec une canne sur une petite table de café en tôle émaillée qui appartenait à l'administration du théâtre... l'émail était parti en divers endroits — (il n'était pas fait pour résister aux coups de feu, même si ces coups de feu étaient des coups de canne). Le Directeur réclamait deux francs, mon impresario faisait une offre de vingt sous. Cette affaire fit tomber entre eux les liens d'amitié qui les unissaient depuis l'après-midi. Et ils échangèrent des injures qui n'étaient peut-être pas proportionnées à l'importance du débat.

Je rentrai dans mon hôtel un peu désenchanté. Je maudis cette ville qui n'aimait pas le théâtre, je maudis cet impresario qui ne savait pas son métier, qui ne faisait pas de bonne publicité, qui n'arrivait pas dans les villes aux moments favorables.

J'oubliai de maudire ma pièce et de me dire qu'en province comme à Paris il faut offrir au public de bonnes comédies.

N'est-ce pas votre avis, cher Baret, metteur en scène impeccable, qui donnez à nos pièces de si bonnes interprétations, qui les jouez vous-même de façon si parfaite ? Mais l'ennui, avec vous, c'est que lorsque ça ne marche pas, l'auteur n'a plus aucune excuse.

Bien affectueusement,

TRISTAN BERNARD.

D'après l'affiche RICORDI. de Milan
pour les Tournées "Ch. BARET"

(D'après l'affiche de O'Galop.)

CHAPITRE PREMIER

L'IMPRESARIO

Avertissement préambulatoire

Vous ne me croiriez pas si je vous disais qu'une tournée s'arrange comme une partie de campagne ou comme un déjeuner sur l'herbe!... Je ne conseillerai point le métier d'impresario aux gens amoureux de leurs aises et de leur tranquillité. Supposez un instant qu'une bille sur un tambour soit douée de conscience et de volonté, et qu'elle s'obstine à suivre une route déterminée, malgré les secousses et les trépidations que la baguette imprime à la peau d'âne, vous vous représenterez à peu près la mentalité du directeur de tournée en partance.

Ses fonctions consistent à prévoir l'impossible et à réaliser l'invraisemblable, à déjouer la fatalité, à conjurer la déveine et à raisonner avec le hasard... La difficulté est son élément et toute sa vie semble un défi à la sagesse des nations qui a décrété *qu'on ne saurait penser à tout.*

Penser à tout! mais il ne fait que ça! Il n'est pas là pour autre chose...

⇝ État d'ame de l'Impresario ⇜

Les bagages à emporter, les susceptibilités à ménager, les décisions à prendre, la concordance des horaires (*Horaire! Horaire!* comme dit Hamlet), les accidents toujours possibles, les retards toujours certains, les responsabilités à assumer, les chances à poursuivre et les risques à courir, tout cela s'entre-croise et s'enchevêtre dans sa cervelle comme les fils sur le métier à tisser...

Il se pose à lui-même des questions affolantes...

Arriverons-nous à Bruxelles assez tôt pour que la grande artiste ait le temps de prendre son bain de lait?

Le public de Narbonne comprendra-t-il l'ironie de Capus?

Ne trouverons-nous pas à Rouen la pluie qui retient les habitants chez eux — ou à Marseille les chaudes soirées qui leur font préférer au théâtre les terrasses des cafés?

Notre étoile voudra-t-elle avoir son chien dans le wagon?

L'estomac débilité du jeune premier s'accommodera-t-il de l'ordinaire des hôtels?

Les affiches sont-elles arrivées à Toulouse?

N'allons-nous pas tomber sur un concert populaire à Angers, sur le bal de la Préfecture à Rennes, sur une émeute à Roubaix, sur une grève à Saint-Etienne, sur une catastrophe à Lyon, sur un deuil public à Toulon, sur un discours de Jaurès en Allemagne?

Les bagages arriveront-ils en même temps que les artistes? Ne seront-ils pas retenus à une frontière ou à une douane?

Et dire qu'il y a des gens qui voyagent pour leur plaisir! S'ils pouvaient se douter de ce que c'est que de voyager pour le plaisir des autres!

Ah! vous tous! à qui l'enregistrement des bagages semble une formalité compliquée, vous qui pleurez sur les quais des gares (Tu m'écriras tous les jours, dis?), vous qui redoutez avec juste raison de parler aux gens qui se tiennent derrière des guichets, vous qui évitez savamment tout contact avec l'Ad-mi-nis-tra-tion, vous qui hésitez huit jours avant de vous décider à prendre un billet circulaire, vous pour qui le moindre déplacement est un supplice, vous enfin qui avez *vos habitudes*, vos chères habitudes et qui les cultivez et les dorlotez soigneusement, mettez-vous à la place de l'infortuné qui s'agite parmi toutes ces contraintes, ces déceptions et ces malentendus, dont la vie n'est faite que de ces complications, et qui aime son métier quand même!

Je puis le dire sans fatuité professionnelle : si nos hommes politiques mettaient à diriger les affaires du pays la dixième partie de l'ordre et de la méthode que demande la direction d'une tournée théâtrale, la France serait la nation la mieux gouvernée du monde... Il est vrai qu'elle ne paraît pas y tenir beaucoup... et que la politique est le seul métier qu'il soit permis d'exercer sans l'avoir appris.

Aux qualités que le public... et les artistes exigent d'un impresario, combien de députés seraient capables « d'offrir une tournée » à leurs contemporains?...

Notre profession est de celles qu'on apprend tous les jours et qu'on ne sait jamais complètement car il est difficile de lui imposer des règles fixes et d'en établir les lois, puisqu'elle est une lutte constante avec le hasard. Le rôle de l'impresario peut se résumer dans la phrase célèbre de Talleyrand : *Il faut toujours s'attendre à de l'imprévu.* Tel accident qui bouleverse une tournée peut devenir un enseignement précieux et suggérer par la suite un nouveau plan.

Organisation

En thèse générale, pour organiser une tournée, il importe de ne point perdre le nord, tout en gardant toujours (bien entendu!) les yeux fixés vers l'est..., sans oublier nos vaillantes populations de l'ouest, non plus que notre éloquente démocratie méridionale !... Il faut ne compter que sur soi-même, s'accommoder des contingences, ne s'étonner de rien, savoir profiter des circonstances, défier le sort, supporter la fortune adverse, prendre des décisions rapides et contraires, ne rien laisser au hasard tout en gardant la main pleine des cheveux de l'occasion — et ne jamais quitter le sourire !

Comme vous le voyez, c'est à la portée de toutes les bourses... Pratiquement, l'impresario doit s'inspirer de la méthode... cartésienne (mais oui !) qui consiste à diviser les difficultés en autant de parties que faire se peut pour les mieux résoudre... Et voilà !

La Concurrence !

Après cela on s'étonnera peut-être qu'une profession qui exige tant de travail, de responsabilité, d'activité constante et de préoccupations quotidiennes soit aussi recherchée que le notariat ou l'enregistrement des domaines et du timbre...

Pourtant, chose incroyable, le nombre des impresarii augmente chaque jour. — On s'improvise impresario, comme on devient orateur. Un monsieur qui cause avec abondance ne désespère jamais de pouvoir quelque jour *connaître les joies du Pouvoir!!...* De même, quiconque « s'occupe de théâtre » s'estime capable de diriger, le cas échéant, une scène subventionnée... ou un théâtre de la nature.

L'impresario professionnel trouve des concurrents sérieux parmi les innombrables impresarii *d'occasion.* Ils pullulent aujourd'hui.

Tout comédien a dans son cœur un directeur qui sommeille. Chacun aspire à s'affranchir des servitudes théâtrales, et veut, comme dit Victor Massé, faire la loi chez soi.

Pouvoir dire : " Ma tournée ", est le rêve de toutes les étoiles. Ce rêve s'achève trop souvent par un douloureux réveil...

Il est en effet très rare de trouver chez un artiste les qualités d'administrateur nécessaires à la bonne gestion d'une entreprise théâtrale. Ainsi, peu d'écrivains s'affirment capables de diriger un journal ou une revue. A très peu d'exceptions près, ces fonctions exigent des qualités contradictoires.

Mais les artistes ne se disent point cela ! et le nombre s'accroît chaque jour de ceux qui, faute d'un théâtre, s'improvisent directeurs de Tournée.

Beaucoup de comédiens, qui pendant la saison parisienne ont créé un rôle important, le promènent après la fermeture de leur théâtre, à travers les villes d'eaux et les casinos... Il va de soi qu'ils se taillent la part du lion et que la troupe qui les entoure est le plus souvent choisie pour les faire valoir : on ne peut pas lui reprocher de manquer d'homogénéité... car il arrive que les doublures alternent avec les repoussoirs ! Tout naturellement le grand comédien en tournée ne se consacre pas exclusivement à révéler le talent des collègues qui ne sont là que pour lui donner la réplique. Il n'y en a que pour lui... C'est humain, c'est bien moderne ! comme disait notre cher grand José Dupuis.

Cette passion des voyages sévit surtout parmi les sociétaires de la Comédie-Française... Ils sont presque tous *doublés* : je ne veux pas dire par là qu'ils se font trop souvent remplacer ; mais vous n'ignorez pas qu'en eux le comédien est toujours doublé d'un autre personnage. Ainsi l'un est doublé d'un poète, l'autre d'un auteur dramatique, celui-là d'un tireur à l'arc. Et tous sont professeurs, depuis le régisseur général jusqu'au sous-secrétaire adjoint du souffleur en chef.

L'exemple leur vient, sans doute, de M. Jules Claretie qui est un romancier doublé d'un chroniqueur, triplé d'un poète, quadruplé d'un érudit, quintuplé d'un orateur, sextuplé d'un administrateur général.

Parmi tant d'occupations, la plupart des sociétaires trouvent encore le temps de l'impresariisme. Ils ne payent point patente : c'est même la seule différence qu'il y ait entre eux et les impresarii professionnels. Ils sont presque tous doublés d'un directeur de tournée. Non contents d'organiser des soirées à Paris et en province, ce qui pourrait être leur droit jusqu'à un certain point, ils assument la responsabilité de diriger un petit théâtre aux environs de Paris ou un grand pendant la saison d'été.

≫ Une École d'Impresarii ≪

Comme vous voyez, le métier d'impresario qui, de prime abord, ne semble exercé que par quatre ou cinq Français, n'exclut pas la concurrence. Pour peu que cela continue, il deviendra nécessaire de fonder une école d'impresarii... Elle n'aurait sans doute pas meilleure fortune que la défunte école du journalisme ! Car là aussi, tout le monde voudrait être professeur!... Et s'il m'était permis de donner des conseils aux élèves problématiques de cette institution nationale, je commencerais mon cours d'ouverture en leur disant :

Puisque vous ne voulez pas vous en aller, je vais vous enseigner d'abord « comment on part ».

Car les vrais voyageurs sont ceux-là seuls qui partent
Pour partir, cœurs légers semblables aux ballons !

a dit Baudelaire.

Et cela doit vous définir le premier devoir d'un impresario ! C'est une belle intelligence qui s'en va... autrement dit un monsieur qui prend le chemin de fer! Mais avant de partir, il faut savoir où l'on va. Ne souriez pas, jeunes élèves !... c'est bien plus difficile que vous ne le supposez...

L'impresario n'a rien de commun avec le simple voyageur qui choisit toujours le chemin le plus court.

L'impresario méprise la ligne droite ; il suit toutes les courbes déterminées par... celles de la recette ! Il fait l'école buissonnière ; mais il ne la fait point au gré de sa fantaisie. Tous les zigzags de son voyage sont savamment prévus et concertés et, dans son apparente course à l'aventure, tous ces crochets, tous ces bonds, toutes ces volte-face, il doit les avoir établis et tracés à l'avance.

≫ Les Itinéraires ≪

Retenez donc bien ce point capital, jeunes élèves : le premier élément de succès pour une tournée dramatique, c'est un itinéraire dûment raisonné. L'itinéraire, tout est là! Un bon itinéraire peut sauver une mauvaise pièce, mais jamais une bonne pièce n'a sauvé un mauvais itinéraire. Et un bon itinéraire ne se fait pas en un jour; il faut le préparer pendant trois mois au moins, tenir compte des habitudes de chaque ville et de chaque province, de la mentalité des populations, de l'état des esprits... et de la température.

Le projet d'itinéraire une fois établi, il s'agit de retenir les théâtres. Les conditions de location des différentes salles de spectacles ne sont pas toujours les mêmes ; car c'est tantôt une somme fixe, tantôt un pourcentage sur la recette (déduction faite des droits d'auteur et du droit des pauvres). Cela varie, comme la morale, avec les époques et les milieux !

Les Engagements

Tout en préparant et remaniant son itinéraire, l'impresario doit, deux mois au moins avant le départ, engager les artistes auxquels il compte offrir un voyage circulaire à prix réduits; car c'est le propre de la profession qu'il faille toujours s'occuper de plusieurs choses à la fois et mener de front les besognes les plus différentes...

Engagez donc, comme vous dirait votre professeur d'escrime. Engagez... et fendez-vous!... Les vedettes coûtent cher, et leurs exigences augmentent (naturellement) en raison directe de leur talent, de leurs succès passés, de leur célébrité, de leur autorité sur le public... et surtout de la bonne opinion qu'elles ont assez souvent d'elles-mêmes.

Là s'ouvre en même temps que la caisse l'ère des discussions et des controverses. La plupart des artistes tiennent avant tout à signer un bel engagement qui leur assure de gros cachets. Entre deux impresarii dont l'un offrirait des appointements plus modestes, mais sûrs, et un autre qui promettra la forte somme... avec la certitude de ne pouvoir la donner, l'artiste n'hésite jamais et sacrifie son intérêt à sa vanité.

Et maintenant, jeunes élèves, faites-moi le plaisir de copier les principaux articles du règlement des engagements d'artistes pour les tournées :

RÈGLEMENT

L'artiste s'engage à se conformer aux ordres, règlements des théâtres ou salles de spectacle dans lesquels il sera appelé à donner des représentations. Il devra se contenter du luminaire et du chauffage qui lui seront fournis par l'Administration.

La Direction n'est tenue de fournir à l'artiste ni cuvette, ni miroir.

L'artiste s'interdit de faire usage de ses talents en dehors de l'entreprise de M. X..., à moins d'une autorisation écrite.

L'artiste devra fournir tous ses costumes, les costumes d'époque exceptés. Dans tous les cas, le linge et les chaussures sont à la charge de l'artiste.

Dans le cas d'ivresse ou de tous autres faits qui seraient de nature à compromettre le bon renom de la Tournée, l'artiste encourra soit une amende de 5 à 100 francs, dont le montant retenu à la fin de la dizaine, sera envoyé à la Société des Artistes Dramatiques, soit la résiliation qui aura son exécution ou immédiatement ou dix jours après qu'elle aura été signifiée par M. X... ou par son représentant, suivant la gravité de l'infraction commise.

Si l'artiste manquait un départ indiqué au billet de service, il devrait rejoindre la Tournée à ses frais, et si la représentation était empêchée par suite de ce fait, l'artiste paierait à M. X... une somme égale à la plus forte recette que l'on puisse faire par le placement de tous les billets du théâtre où ladite représentation n'aurait pas eu lieu. Dans le cas où l'artiste n'aurait occasionné par ce même fait qu'un changement de spectacle, il ne devrait que la différence de la recette du jour à la plus forte recette que l'on puisse faire.

L'artiste s'engage à ne pas retarder l'heure du lever de rideau indiquée par les affiches et les programmes.

Tous les frais d'hôtel et de séjour sont à la charge de l'artiste soussigné.

En cas de deuil national, incendie du théâtre où l'on doit jouer, guerre, épidémie, troubles politiques, inondations, maladie d'artiste vedette de la troupe, calamités publiques ou autres troubles graves, le présent traité pourra être suspendu ou résilié sans que l'artiste puisse prétendre à aucune indemnité ni dédit.

En cas de maladie de l'artiste dûment constatée par les médecins des parties contractantes, le présent traité ne sera pas résilié, mais l'artiste ne devra pas quitter la Tournée, à moins qu'un certificat des médecins ci-dessus désignés ne déclare que l'artiste n'est pas transportable.

(D'après l'affiche de Grün)

Ah! ah! vous vous taisez maintenant, jeunes élèves et vous commencez à comprendre à quels risques vous vous exposez... Vous vous dites sans doute :

« — Mais ce n'est pas un contrat : c'est le panier aux prévisions ! »

La prévoyance est un des trente-neuf devoirs de l'impresario et vous en verrez bien d'autres!

Les Répétitions

Les engagements une fois signés, une autre obligation s'impose à vous : celle de *faire répéter vos artistes.*

Le plus souvent, comme la pièce que vous allez promener se joue encore à Paris après que vous l'avez choisie, les comédiens de la Tournée en partance vont la voir fréquemment.

Presque toujours les artistes que vous venez d'engager viennent de différents théâtres : ils n'ont jamais joué ensemble. Il faut au moins un mois de répétitions afin d'éviter la cacophonie et le gâchis dont vous pouvez vous faire une idée en entendant un orchestre qui aurait oublié de s'accorder — ou encore une réunion électorale — ou une séance de la Chambre — ou un meeting de chats dans une gouttière.

L'ensemble, l'atmosphère, le fondu, le ... je ne sais quoi ne se peuvent obtenir qu'à force de répétitions bien suivies, fréquentes et régulières.

Ce pour quoi je ne saurais trop vous conseiller, jeunes élèves, d'installer chez vous un petit théâtre, comme je vous en ai moi-même donné l'exemple !

L'Administration

Mais ne vous en allez pas ! Je n'ai pas fini... il me reste à vous donner quelques principes essentiels à l'organisation d'une tournée dramatique.

Vous croyez en avoir fini avec l'itinéraire, les engagements et les répétitions ! Et l'Ad-mi-nis-tra-tion ? mes enfants..... l'Administration nécessaire hélas, à toute entreprise !

Je ne vous parlerai pas dans cette première leçon du tarif des places, de la comptabilité, des communiqués à la presse, des instructions aux courriers, de l'impression des affiches, des programmes, des rapports avec les costumiers, les décorateurs, les bottiers, les perruquiers, les accessoiristes, les compagnies de chemins de fer, etc, etc.

Ah ! Ah ! vous donnez des signes évidents de terreur !... ou de somnolence ! Je vous insinuerai seulement que les bureaux d'un impresario doivent être tenus.... j'allais dire : comme ceux d'un Ministère... Non, ce serait le désarroi !... mettons : comme ceux d'une grande compagnie de navigation... étrangère ! Il faut que tout y soit en ordre parfait, classé, étiqueté... tous les renseignements à portée de la main, la correspondance tenue à jour, les horaires contrôlés, la publicité distribuée, ajoutez deux douzaines d'*et cætera* et vous serez presque prêts à partir.

Je ne vous lâcherai pas avant de vous avoir encore fourni quelques renseignements *techniques*... puisqu'aussi bien je ne suis ici que pour cela!

Une tournée d'ordre moyen, jeunes élèves, doit emmener *deux régisseurs et un administrateur contrôleur :* ce dernier ne s'occupe que du contrôle, du paiement des artistes et des bordereaux des frais de journée et de soirée.

Au régisseur général est confiée la mise en scène. En arrivant dans chaque ville sa mission consiste à se mettre en rapport avec les chefs de service, machiniste, tapissier, accessoiriste pour s'assurer que rien ne manque aux plantations et aux listes d'accessoires qui ont été expédiées quinze jours auparavant.

Le second régisseur (*bagageman*) est responsable de tous les colis de la troupe, il doit en prendre livraison à la gare en constatant qu'ils sont en bon état et il les confie aux camionneurs et garçons de théâtre qui, d'après ses ordres, doivent se trouver sur le quai de la gare à l'arrivée de la Troupe.

Autrefois, dans mes tournées, ce second régisseur portait un uniforme dans le genre de celui qu'on voit encore aux employés des Wagons-lits; sur sa casquette se détachait (en lettres d'or, s'il vous plaît!) : TOURNÉE BARET.

J'ai dû renoncer à cet usage... Par ces temps de syndicats, d'humanitarisme égalitaire et de revendications prolétariennes (avez-vous remarqué comme ils sont longs, les mots qui ne veulent rien dire?)... enfin dans notre époque troublée, les meilleures intentions risquent d'être mal interprétées; et j'avais l'air de rabaisser au rang de subalterne un brave collaborateur, alors que mon seul but était de lui donner une certaine autorité auprès des employés de la gare et de l'accréditer sans phrase auprès de ceux du théâtre.

Sans vouloir m'avouer que cet uniforme leur pesait comme une livrée, *mes bagagemen* me donnaient comme défaite qu'on les prenait pour des chefs de gare (comme il arriva jadis au tsar Nicolas lors de sa visite à l'Institut où les académiciens étant en grande tenue, il prit tous ces gens-là pour de vieux chefs de gare... à ce que prétend, du moins, Tristan Bernard!)... Je dois reconnaître en effet que beaucoup de voyageurs accostaient mes régisseurs et les accaparaient pour leur demander les renseignements les plus saugrenus!

➳ Et toujours le sourire sur les lèvres! ⇜

Et si, jeunes élèves, vous possédez toutes les facultés nécessaires au bon organisateur, il vous faudra encore la force physique, la santé, la bonne humeur, un tempérament à toute épreuve, un estomac en caoutchouc vulcanisé, des jarrets d'acier, une mémoire inlassable et une trique sérieuse, soigneusement dissimulée toutefois dans une gaîne de velours.

Songez qu'un bon impresario doit braver toutes les intempéries, relever le moral de sa troupe, consoler les uns, ménager les autres, rassurer tout le monde, changer chaque jour de menu, passer des nuits blanches, dormir au besoin sur des billards ou des sacs de noix, coucher parfois à la belle étoile et jamais avec celles de sa troupe.

Moi qui vous parle, en quinze ans de tournées, j'ai parcouru plus de trois cent mille kilomètres (20.000 par an en moyenne)... Autrement dit, j'ai fait sept fois le tour du monde et connu tous les moyens de transport, depuis le pousse-pousse jusqu'à la quatre-vingt-dix chevaux de la fameuse maison (case à louer).

J'ai couché dans dix mille hôtels.

J'ai signé vingt-cinq mille engagements.

J'ai collé trois cent mille timbres-poste...

... Cet aveu m'autorise, je pense, amis lecteurs, à vous offrir un demi bien tiré que je vais boire à votre santé en préparant le chapitre suivant.

CHAPITRE II

LES PETITS EMBARRAS DU MÉTIER

Les pièces et leur interprétation. — La crise théâtrale

COLETTE WILLY
Impresario Ch. Baret

(*Affiche de Sem*)
Pour les Tournées Ch. Baret.

Parmi toutes les difficultés où l'impresario doit évoluer comme dans son élément naturel, les pires sont peut-être celles qui lui viennent de son métier même.

Et d'abord il se trouve des gens pour en contester l'utilité et la légitimité!! Comme le philosophe, le métaphysicien et le poète, l'impresario passe assez souvent pour quelqu'un qui ne sert à rien... Et sans doute, cela pourrait être vrai sans avoir aucune importance : car tout ce qui fait la joie et la beauté de vivre, c'est justement ce qui ne sert à rien. — La Vénus de Milo est aussi inutile en soi qu'un fonctionnaire ou un monarque constitutionnel : une symphonie de Beethoven n'a jamais servi à faire monter l'eau au sixième étage.

Il suffirait donc qu'un impresario fut tout simplement un Monsieur qui promène de belles choses et qui cherche à vulgariser et à décentraliser l'Art, pour qu'on n'eût point à lui reprocher d'être tout à fait inutile...

Mais ma profession me paraît servir la cause de l'Art théâtral d'une façon beaucoup plus directe et plus pratique qu'on ne le reconnaît parfois.

— Quel besoin avez-vous d'organiser des tournées, m'ont dit quelques grincheux... A quoi bon s'évertuer à promener en province et à l'étranger des pièces qu'on jouera toujours sans vous tôt ou tard, puisque dans toute ville importante, il y a une troupe sédentaire dont la fonction consiste justement à interpréter les chefs-d'œuvre consacrés ou les succès les plus récents?

A ceux qui ne se découragent point de poser une pareille question, je pourrais répondre que je suis impresario parce que ça m'amuse, parce que les voyages me plaisent, et parce que ma santé s'accommode du changement d'air et de régime... Mais à ceux qui ne me demandent rien, à vous, par exemple, chers lecteurs, je répondrai que ma profession est utile et même indispensable — par la très simple et très forte raison qu'une Tournée présente toujours sur une troupe sédentaire une supériorité réelle et indiscutable.

En effet, à supposer même que la troupe en tournée soit composée de comédiens ordinaires et d'une valeur égale à ceux de la troupe sédentaire, la Tournée assure toujours aux pièces une meilleure interprétation.

— Parce que, ne s'occupant que *d'un seul ouvrage*, elle a eu tout le temps de se l'assimiler, d'y travailler et de lui consacrer un plus grand nombre de répétitions.

— Parce que les artistes de la Tournée sont allés plusieurs fois voir jouer la pièce dans le théâtre parisien où elle a été créée.

— Parce que les acteurs, par le seul fait qu'ils jouent tous les soirs la même pièce, réalisent forcément un ensemble, un accord, un *fondu* que ne peuvent jamais atteindre les artistes d'un théâtre local où l'affiche doit être constamment renouvelée... et où l'acteur principal est toujours le souffleur !

— Enfin et surtout, parce que les artistes de la Tournée ont été choisis spécialement pour leur rôle ; chacun sait que dans la plupart des villes, le même artiste se trouve obligé, pour se plier aux exigences du répertoire, d'interpréter souvent dans la même soirée les rôles les plus différents... J'ai connu de par le monde un brave artiste qui, de sept heures à minuit et demi, incarnait successivement le Louis XI de *Gringoire*, le bonhomme Poirier du *Gendre de M. Poirier*... et le Laurent XVII de la *Mascotte !*... Vous ne me croiriez pas si je vous disais qu'il était également bon dans ces trois rôles... et vous auriez bien raison ; mais son cas n'est point isolé et ces fantaisies *protéiformes* sont au contraire *la règle* dans les troupes sédentaires ! Allez donc après cela exiger d'elles des interprétations exactes et soignées : elles sont incapables de les donner. Je sais bien que ce n'est pas leur faute et qu'il n'y a pas moyen de faire autrement ; mais de ce qu'il ne comporte aucune amélioration, leur état n'en est pas moins déplorable, au contraire ; il est appelé à disparaître.

Les tournées ont surtout sur les troupes sédentaires la qualité primordiale de jouer dans le « mouvement » voulu, discuté et arrêté par l'auteur et qui constitue la véritable atmosphère de l'œuvre.

En un mot de donner au spectateur de province l'impression que ressent le spectateur parisien.

Vous voyez donc nettement qu'en dehors de la cause supérieure de l'Art à laquelle il consacre toute son énergie, l'impresario n'est pas tout à fait inutile...

L'exercice de son métier n'en est pas plus facile pour cela !

J'ai essayé de vous montrer dans le chapitre précédent, comment l'impresario passe sa vie à se débattre contre les *contingences*... c'est-à-dire en l'espèce contre les choses qui ne dépendent pas de lui. Je voudrais montrer, à présent, les difficultés *nécessaires* du métier, celles qui lui sont pour ainsi parler, *essentielles :*

1° *Le choix d'une pièce.*

2° *Le choix des interprètes.*

C'est dans le choix d'une pièce que l'impresario prouve le

mieux son initiative et son sens du théâtre : là, il ne peut compter que sur lui-même et sur sa jugeotte personnelle. Il lui faut se rappeler que nous vivons en pleine crise théâtrale, qu'il n'y a plus d'écoles, ni de traditions, ni de directions précises du mouvement dramatique ; il lui faut faire la part du hasard et de l'inconnu ; il doit se défier à la fois du public parisien, de la Presse, des auteurs, et de lui-même... Car vous pensez sans doute que pour apprécier la valeur littéraire et... monétaire d'une pièce nouvelle, il suffit de multiplier le nombre des représentations par l'opinion des critiques, et d'y ajouter ses préférences personnelles ?

Ce seraient autant de causes d'erreur !

L'impresario ne doit pas se laisser emballer par le succès d'une pièce devant le public parisien : car rien ne l'assure qu'elle obtiendra le même succès devant le public de province ou de l'étranger. Ainsi les grands succès parisiens : *L'Enfant du miracle* et *Le Retour de Jérusalem*, fournirent des tournées désastreuses, ce qui n'enlève rien bien entendu à la valeur indiscutable de ces œuvres.

Tandis qu'au contraire *Les Plumes du Geai*, *La Marjolaine* qui à Paris ne remplirent qu'une carrière honorable, furent des tournées très brillantes et très fructueuses. Qui donnera l'explication de ces phénomènes contradictoires ?... Quant à l'opinion de la Presse... il n'y a pas lieu d'en tenir compte, puisqu'elle n'en a plus !

L'ancienne chronique théâtrale *hebdomadaire*, qui laissait au critique le temps de réfléchir, de se recueillir, de revoir la pièce et de se faire une opinion moyenne entre celle du public et la sienne, a disparu de tous les journaux parisiens — sauf deux qui se font un honneur de conserver cette grande tradition : le *Temps* et les *Débats*. Partout ailleurs, le chroniqueur théâtral est obligé de bâcler le soir de la première, quand ce n'est pas le soir de la générale, un compte rendu hâtif, et donne brièvement son opinion personnelle — qui, neuf fois sur dix, diffère de celle du public. Cette critique rapide et générale prend volontiers la forme d'un

Affiche de Maurice NEUMONT
pour les Tournées "Ch. BARET"

C'est un dicton courant dans le monde des théâtres : un auteur écrit une pièce, les acteurs en jouent une autre, et le public en comprend une troisième !

Allez donc vous retrouver là-dedans !

...Aussi au lendemain d'une première, il est absolument impossible de se faire une opinion exacte et sincère — à plus forte raison conforme à celle que ressentira le public provincial. Je me souviens, entre autres, d'une pièce jouée aux Nouveautés, et qui eut à Paris un succès de presse étourdissant... Quelque temps après, elle soulevait à Lyon une véritable tempête, on sifflait à ne plus s'entendre !... et les journaux lyonnais furent unanimes à dire : « Si les Parisiens aiment ce genre-là... qu'ils le gardent donc pour eux ! »

Que j'ai souvent entendu cette phrase-là !

Et l'impresario doit encore se méfier de ses préférences personnelles. Il est homme de théâtre ; il se rend compte de l'effort accompli ; il en sait gré aux auteurs ; il voudrait, de toutes ses forces, encourager ceux qui travaillent et qui cherchent ; il aimerait à faire des découvertes, à imposer un jeune talent. Le malheur est qu'il est bien forcé de se faire une âme de spectateur — et de client ! — et que les œuvres vraiment neuves et originales, ne s'adressant qu'à une élite, sont condamnées à n'être que des demi-succès. Les chefs-d'œuvre ont besoin du temps pour les fixer et les consacrer... mais surtout ils exigent une *initiation* préalable. Le grand public ne comprend pas du premier coup une œuvre dont l'originalité bouleverse toutes ses idées. Aussi combien de jolies pièces n'ont été que des demi-succès !... Et rien n'est plus dangereux pour un impresario que de promener un demi-succès...

Car il y a la terrible question de *galette*, à laquelle on ne peut pas échapper !

... Au lendemain d'un succès de presse, où il a su démêler parmi les éloges des bons petits confrères, la part de *vérité vraie* et la valeur *littéraire* d'une pièce, un impresario épris de son métier aura naturellement envie de faire connaître à la province cette pièce intéressante. Il se rend compte qu'elle ne fera guère que 60 à 80 représentations devant le public parisien : mais il voudrait la promener quand même, pour l'amour de l'Art !

Hélas... il est arrêté par la perspective des droits d'auteur à payer, par la carte forcée de la Société !

Certes, je ne récrimine point contre les droits exigés pour les *grands succès*. Quand il s'agit d'œuvres comme *Cyrano*, *Madame Sans-Gêne*, *Les Surprises du Divorce* (que je cite à dessein parmi des genres très différents), il est tout naturel que l'auteur réclame sa très grosse part dans les bénéfices.

Mais enfin, il existe, en dehors de ces succès immenses et qui sont de sûres et fructueuses *affaires*, beaucoup de pièces originales et charmantes qui enchanteraient l'élite des villes de province. Si l'impresario se laisse tenter et en emporte une... la Société lui demande 8 ou 10 0/0 avec un minimum de 6, 8 ou 10.000 francs ! Pour atteindre ce minimum, il faut donc composer un itinéraire de 60, 80 ou 100 villes en prenant pour base la moyenne de 1.000 francs par recette. Sans doute, cette évaluation peut sembler au-dessous de la vérité pour dix ou douze grandes villes, mais il est certain que dans presque toutes les autres, la moyenne des recettes sera sensiblement inférieure, et pour peu que la pièce exige une distribution compliquée et une mise en scène élégante, il devient matériellement impossible que l'impresario couvre ses frais.

Prenons comme exemple une pièce à 14 personnages.

L'impresario sera bien forcé d'établir ce petit bilan *quotidien :*

Frais de la Troupe.	400	francs.
Frais de Théatre.	300	—
Costumes, perruques, amortissement.	20	—
Pauvres 10 0/0 sur 1.000.	100	—
Auteurs 8 0/0 sur 1.000	80	—
Contrôleur de la Tournée.	25	—
Voyages et amortissement	75	—
Publicité	80	—
Bagages.	20	—
Frais de correspondance et divers . .	15	—
	1.115	francs

Les frais se monteront donc environ à onze cents francs... c'est-à-dire qu'ils dépasseront de cent francs la moyenne des recettes. Il est bien évident qu'à Lille, Nice, Nantes, Lyon ou Genève, les recettes peuvent atteindre 2.000, 2.500 et même 3.000 francs. Mais alors les frais de théâtre ne sont plus de 350 francs mais de 1.200, 1.500 et même davantage. Ainsi l'équilibre se trouve rétabli, — en déficit! Concluez...

Et voilà pourquoi nombre de bonnes pièces ont été pour l'impresario de mauvaises affaires. Ah! si les droits d'auteur n'étaient pas en général écrasants, il y aurait plaisir à risquer parfois l'aventure de promener une jolie pièce *littéraire*.

Mais, dans tous les métiers l'Art ne rapporte guère !

comme dit un poète dont je n'ai pas oublié le nom...

L'impresario doit aussi compter avec la concurrence des mauvaises tournées, qui pullulent et qui mettent le public en méfiance. Il doit compter et recompter son argent... Il ne doit compter que sur lui-même!

Le choix des interprètes

La même initiative individuelle lui est nécessaire dans le choix de ses interprètes.

Oh! ce n'est pas que les conseils lui manquent, ni les recommandations, ni les sollicitations.

Chaque fois que j'organise une tournée, je reçois un paquet de lettres dans le genre de celle-ci :

Monsieur Baret,

S'il se produisait dans votre tournée un remplacement, ou si vous aviez à établir une nouvelle troupe, ma femme et moi vous ferions nos offres de service.

Madame G..., fort jeune premier rôle, des Réjane, élégante, beau masque, vingt-trois ans, du répertoire.

Et monsieur, troisième rôle, 1m74 de taille, également du répertoire (Je me déplace facilement) (1).

Osant escompter l'honneur d'une réponse, veuillez agréer, etc.

As-tu fini « beau masque »!

En général, de pareils renseignements ne suffisent pas… et le talent importe plus que le périmètre thoracique!

Le diable, c'est qu'aujourd'hui le talent court les rues… ou du moins chacun croit en avoir. Dans le monde du théâtre, comme partout, il y a vingt, trente, quarante candidats pour une place. Le nombre des jeunes gens qui détaillent un monologue ou de fillettes qui nuancent une pièce de vers égale, s'il ne le surpasse, le nombre de femmes et d'enfants qui s'occupent de littérature!

Mon ami Curnonsky a reçu la lettre suivante qu'il veut bien me communiquer et dont je recopie textuellement les principaux passages :

MONSIEUR,

Notre ami commun, M. D., m'assure que, le voulant, — et vous le voudrez, n'est-ce pas? — vous pourriez me trouver un rôle.

J'adore le genre Muguette *et* Claudine.

Du reste, mon professeur, M. D., de la Comédie-Française, me les fait piocher à fond.

J'ai quatorze ans…

(J'éprouve ici le besoin légitime de vous jurer que je n'invente rien.)

… J'ai quatorze ans; pour mon professeur dont je suis la plus jeune élève, je serais bien contente d'être engagée au plus tôt.

Et puis, j'ai des préférences : ainsi, j'aimerais les Capucines, ou bien l'Athénée. Et ce qui ferait ma joie complète, ce serait un rôle à créer, fait exprès pour moi, oui, monsieur, exprès pour moi! *Et si je le piocherais!*

… Cet âge est sans pitié!

Un impresario est en butte à des sollicitations sans nombre, et

(1) Ce qui en argot de coulisse n'indique pas l'amour des voyages, mais la facilité de remplir les emplois les plus différents.

l'un des plus grands embarras de sa profession, c'est assurément l'embarras du choix. Il ne peut s'en tirer qu'en s'adressant à des artistes qui aient fait leurs preuves et qui sachent leur métier. Sans doute, l'étoile qu'il emmène en tournée répond par définition à cette double exigence, et le succès l'a déjà consacrée, elle a son public et ses fidèles : mais il importe que l'étoile ne soit pas entourée d'une troupe de comparses quelconques. Bien loin de la mettre en valeur, les *inutilités* ne lui feraient que du tort. La fameuse théorie des repoussoirs ne vaut rien au théâtre : il n'y apas de spectacle plus pénible que celui des efforts d'un bon acteur réduit à un monologue continu et se débattant contre l'aphasie, l'amnésie, la maladresse, l'inintelligence ou l'ignorance de ses interlocuteurs. Une bonne tournée, bien comprise et bien organisée, exige avant tout une troupe *homogène* et bien en main, où chacun ait sa fonction et sa spécialité, où l'on se sente les coudes et où personne ne tire la couverture !

Or, malgré le nombre toujours croissant des gens qui « s'occupent » de théâtre, le recrutement d'une bonne troupe devient chaque jour plus difficile. Parmi les comédiens comme parmi les gens de lettres et les peintres, les *amateurs* pullulent, les vrais artistes, les professionnels de talent se font de plus en plus rares... Sous prétexte d'exactitude et de vérité, la plupart des comédiens croient devoir jouer *à la bonne franquette,* par-dessous la jambe, en affectant des airs détachés; parce qu'ils tournent le dos au public, parlent les mains dans les poches comme jadis les chansonniers du Chat Noir et paraissent n'attacher aucune importance à ce qu'ils disent, ils croient donner ainsi l'impression du naturel et de la vie... Le théâtre *rosse* et le théâtre *réaliste* nous ont valu les pires mazettes qui aient jamais mis le pied sur un plateau; ils se croient Huguenet, Guitry, Le Bargy ou Guy... et on les étonnerait bien si on leur insinuait que le naturel et l'aisance de tels artistes sont le résultat de longues et patientes études et d'une observation aiguë et constante. Dans tous les arts, on n'arrive à faire oublier son métier que lorsqu'on le connaît *à fond*... Certainement, une fable de La

Fontaine, un conte de Voltaire, un dialogue de Capus ou de Donnay n'évoquent aucune idée de travail ni d'effort. Cela semble fait sans presque y toucher... et les amateurs s'estiment capables d'en faire autant... Qu'ils essaient donc un peu, pour voir! Dans l'art théâtral surtout, l'impression de la vérité et de la vie ne s'obtient qu'à force de patience et d'expérience. Et trop d'acteurs manquent de cette patience-là : ils jouent « comme ça leur vient », tout simplement parce qu'ils sont incapables de mieux faire. Ils invoquent les souvenirs de Dupuis, de Saint-Germain, Thiron, Geoffroy. Ah! oui... ces maîtres de la scène jouaient *naturel* et *vrai*. Seulement leur naturel et leur vérité avaient du style. Et c'est tout de même quelque chose!

La pénurie de bons artistes et la décadence du *métier* créent d'autant plus de soucis à l'impresario que l'interprétation des pièces actuelles offre plus de difficultés... Les autres peuples de l'Europe prétendent qu'aujourd'hui il n'y a plus en France de grand tragédien ni de grand bouffon... il me semble bien qu'ils exagèrent; mais où j'ai bien envie de leur donner raison, c'est quand ils soutiennent que les Français sont maîtres dans l'art de composer et d'interpréter les pièces *où il ne se passe rien !*

On ne peut nier en effet que nos auteurs mettent une certaine coquetterie à remplacer le poisson par la sauce, les faits par des mots... et l'action par la plus franche cordialité; en quoi le grand public n'est pas tout à fait de leur avis... Le grand public lit les romans pour savoir « comment ça finit » et s'intéresse aux pièces dans la mesure où l'intrigue lui paraît nouvelle, les péripéties bien conduites, et le dénouement inattendu... On lui a infligé le Théâtre *d'idées!* on a prétendu lui soumettre des cas de psychologie ou de physiologie compliqués et bizarres, lui proposer entre neuf heures et minuit des solutions, d'ailleurs contradictoires, de la question sociale, le forcer à réfléchir enfin!... Mais le public ne va pas au théâtre pour réfléchir : il y va pour digérer d'abord, puis pour oublier les petits ennuis de la vie quotidienne ; quand on lui sert des théories abstraites, des phrases de meeting, des tirades à prétentions philosophiques ou des tartines vaguement humanitaires, il ne les absorbe pas mieux que ces tranches de vie qu'on a voulu lui imposer naguère. Il ne se passionne que quand les idées sont personnifiées par des êtres qui agissent, qui aiment et qui souffrent... et vous savez qu'on ne réfléchit pas quand on aime, qu'on n'ergote pas quand on agit et qu'on ne raisonne pas quand on souffre. Cette conception du public marque d'ailleurs un sens réel et profond du théâtre, et l'impresario doit s'en inspirer dans le choix de ses pièces.

Il en trouvera certes, et d'excellentes, car notre art dramatique tient toujours le premier rang : et sans parler des poètes comme Richepin, Rivoire ou Rostand, une littérature théâtrale qui compte des auteurs comme Sardou, Donnay, Lavedan, Porto-Riche, Bataille, Guinon, Capus, Brieux, Flers et Caillavet, Veber, Mirbeau, Gavault, Bernstein, Courteline, Tristan Bernard, Brieux, Jean Jullien, Thürner, reste sans égale au monde... Le malheur est que leurs pièces ne sont pas faciles à monter ni à jouer! Elles se passent pour la plupart dans des milieux élégants et mondains qui exigent un luxe de décors et de costumes très coûteux. Et il y faut des interprètes capables de réaliser la distinction, l'élégance, la race et la « manière » des personnages. Comment faire jouer la plupart des rôles de Lavedan, de Capus, de Donnay, de Flers et Caillavet, de Gavault par des jeunes premiers à 350 francs ou des grandes coquettes à 450?...

Cet inconvénient sévit sur les troupes sédentaires plus encore que sur les Tournées !

Jadis, les bons bourgeois des pièces de Labiche ou de Barrière étaient à la portée... de toutes les bourses. Les comiques de la troupe montaient au magasin et endossaient au hasard une redingote démodée ou un veston de coupe antique et ridicule : ils en tiraient même un effet de plus. Mais vous représentez-vous un prince d'Aurec qui aurait l'air de s'habiller au carreau du Temple, ou un Vétheuil au « décrochez-moi ça » ?

La crise théâtrale

Enfin, malgré la valeur des pièces et le talent des auteurs, ou peut-être à cause de cela même, le théâtre traverse une crise. Car c'est le triomphe de l'*individualité* : il n'y a plus de genres marqués ni définis. Les comédies prennent souvent une allure dramatique, à moins qu'elles ne versent dans la farce et la fantaisie la plus débridée; le vaudeville même a des prétentions à la vraisemblance et à l'observation; les *rôles* ne se ramènent plus à des types constants; on en a fini des raisonneurs, des financiers, des manteaux et des valets, des ingénuités et des soubrettes. Chaque auteur a sa manière et cherche à créer des personnages nouveaux ou singuliers. Et sans doute il faut s'applaudir de cette variété; mais elle impose aux interprètes un travail auquel ils sont d'autant moins aptes... que le travail leur apparaît plus inutile.

La conséquence de toutes ces recherches et de toutes ces tentatives *individuelles*, c'est qu'il n'y a plus de répertoire. A part Bruxelles, Liège, Anvers, Bordeaux, Lyon et Marseille, qui ont des théâtres spéciaux de comédie, le répertoire dramatique n'existe nulle part. Quant au répertoire lyrique, il ne se renouvelle pas; et les œuvres jouées depuis dix ans à l'Opéra et à l'Opéra-Comique n'ont pas le don de plaire au grand public épris de mélodie plus que de science.

Tout cela crée, pour ainsi dire, une atmosphère d'incertitude où l'infortuné impresario n'a jamais le temps de respirer !

Et cette incertitude peut se transformer en parfait gâchis et en capilotade, si l'impresario ne sait pas, une fois qu'il a réuni sa troupe, se dégager de cette routine qui préside à la distribution des rôles.

Les auteurs voient toujours leurs pièces à travers les comédiens qui les ont créées à Paris; c'est une conception qui peut devenir fatale quand on s'adresse au public de province... Les boulevardiers n'aiment rien tant que de voir un acteur sortir de son genre, *chercher autre chose*, transformer sa physionomie habituelle. On sait combien le Tout-Paris s'est intéressé aux métamorphoses de Polaire, d'Yvette Guilbert, de Max Dearly, d'Huguenet et de tant d'autres, qui brusquement ont changé leur genre.

Le public parisien raffole des grimaces et des travestis; il a applaudi Torin en potache, Léonce en femme, Lavallière en *petit Rostand* et même en *Napoléon*!... Baron l'a enchanté en jouant dans le *Maître d'école* un rôle de gamin, comme Galipaux en pleurant la mort de son singe dans *Manette Salomon*... Après cela, si l'on commet en province l'erreur... (que du reste on commet toujours!) de distribuer les rôles d'après les créateurs, il en résulte des pataquès, des salades et des non-sens extravagants: car il est trop évident que si l'acteur qui joue les Baron, par exemple, est vieux et bedonnant, il peut ne pas paraître choquant dans certains rôles de Baron... mais s'il interprète le rôle de gamin joué par Baron dans le *Maître d'école*, il a les plus belles chances de se faire emboîter... et comment?

L'impresario ne doit pas pourtant tomber dans l'excès contraire et, suivant la routine inverse, s'imaginer qu'un acteur qui a remporté du succès dans un rôle, se trouve par là même condamné à jouer ce rôle toute sa vie. J'ai moi-même été victime de cette espèce de routine-là: à l'époque de mes débuts, j'étais avec Blandin aux *Menus-Plaisirs*(1); j'eus la chance de me faire remarquer dans le rôle du timonier de la *Bagasse* (de Cadol). Tout heureux de mon succès, je comptais sur un bon rôle dans la pièce suivante, et j'allai trouver mon directeur... « Hélas! mon

(1) Aujourd'hui Théâtre Antoine.

petit ami, j'avais bien pensé à vous, me dit-il, mais il n'y a pas de marin dans la pièce ! ! »

Rapports avec les Artistes

Dans ses rapports avec les artistes, il importe que l'impresario sache maintenir un juste équilibre entre l'autorité et la camaraderie. Ça n'a l'air de rien !... mais il y faut beaucoup de doigté, de bonne humeur et d'expérience. Faire en sorte qu'une compagnie composée d'hommes et de femmes observe toujours l'ordre et surtout l'exactitude nécessaires, voilà une besogne qui exigerait les qualités réunies d'un capitaine et d'un chef de bureau, car l'organisation et la conduite d'une tournée participent à la fois du service intérieur et du service en campagne.

Ce serait toutefois une exagération déplorable, que d'introduire dans les choses du théâtre le langage et les habitudes de la caserne. On peut mettre une pièce en scène sans couvrir les interprètes d'injures ordurières et sans brutaliser personne. Dans la profession dramatique comme dans toutes les autres, celui qui sait son métier se fait toujours écouter et l'on se conforme à ses avis quand ils sont dictés par l'intérêt général, par l'expérience ou par la nécessité. Il suffit toujours de parler clairement et simplement pour se faire comprendre, — et c'est pourquoi je ne suis pas très partisan du style administratif, à la fois solennel et incompréhensible, qui s'est introduit dans plusieurs théâtres de province... et d'ailleurs. Je ne me rappelle jamais sans un effarement la rédaction de certains *tableaux de service*, celui-ci par exemple, que j'ai copié à l'Eldorado de Montpellier :

— *En prévision de défection ou de maladie subite, Mesdames et Messieurs les artistes sont invités à ne pas s'absenter de l'établissement avant la fin du spectacle. Après quoi ils pourront disposer de leur temps sans autres obligations.*

Cette *lapalissade* solennelle me paraît d'une barbare inutilité...

Combien je préfère cet avis cordial et paternel d'un directeur d'Amiens :

— Demain, départ pour Abbeville.

Rendez-vous au théâtre à 2 heures.

En raison du mauvais temps, un omnibus conduira les dames à la gare.

Les hommes iront à pattes, comme le patron.

On ne saurait mieux dire...

Enfin, et sans qu'il soit utile d'y insister longuement, la chasteté est un des premiers devoirs de tout bon impresario... Il n'y a plus que dans certaines provinces reculées, qu'on se représente les comédiens comme des Don Juan ou de simples satyres, et les comédiennes comme des courtisanes. Le monde du théâtre n'est pas plus vicieux ni plus perverti que tous les autres, et il y règne une camaraderie et un esprit de dévouement réciproque qu'on voudrait bien trouver partout.

Les impresarii, eux non plus, ne sont pas forcément les amants de toutes les étoiles qu'ils promènent. Outre que cela pourrait leur attirer quelques ennuis conjugaux (car la plupart sont bons époux et bons pères de famille !), leur intérêt le plus direct leur commande de ne point transformer une tournée en voyage d'agrément. Ils y perdraient leur temps, leurs peines et leur argent... et la considération de leurs troupes.

Voilà quelques-uns des devoirs de la profession.

... Aux qualités qu'on exige d'un bon impresario, combien de chefs d'États seraient capables d'organiser et de conduire une Tournée !

“ La Rabouilleuse ”

(*Affiche de H. Lucas*, pour les Tournées CH. BARET.)

CHAPITRE III

LE PIRE ENNEMI DE L'IMPRESARIO!

LES COMPAGNIES DE CHEMINS DE FER

Lord Roseberry a écrit quelque part :

« Napoléon n'a jamais été vaincu que par un seul ennemi : l'espace ! »

Eh bien! c'est justement contre cet ennemi-là, qui a fini par vaincre le plus grand des petits caporaux, que l'impresario passe toute sa vie à s'escrimer... et il a, pour l'aider dans cette lutte titanique, les Compagnies de chemins de fer... c'est-à-dire qu'il se trouve à peu près dans la situation où se serait trouvé le jeune David, si, pendant qu'il combattait le géant Goliath, il eût été entouré de gens qui lui auraient donné des crocs-en-jambe!

Provisoirement, il faut encore considérer le chemin de fer comme un moyen de transport — et cette conception-là exige beaucoup d'indulgence.

Compagnies!! Halte

...Je ne sais pas si vous avez remarqué que les chemins de fer sont généralement exploités (et les voyageurs, donc!) par des Compagnies dont la plus importante fonction semble consister à mettre des bâtons dans des roues qui ne demanderaient pourtant qu'à tourner toutes seules.

Comme le pauvre cœur humain qui, selon Pascal, a ses raisons que la Raison ne connaît pas, la France a ses Réseaux qui le plus souvent n'ont rien à voir avec la Raison.

Je m'en voudrais de vous servir des idées générales sur la Féodalité capitaliste, plus dure que l'autre parce qu'elle est impersonnelle et le plus souvent inconsciente comme une machine — mais enfin il faut bien constater que dans la plupart des cas, une Compagnie... c'est une réunion de gens qui ne sont jamais là quand on a besoin d'eux et qui élèvent l'irresponsabilité à la hauteur d'un obélisque!

Le tort initial de toutes les Compagnies — comme des services d'Etat, du reste — c'est d'exiger de leurs clients qu'ils se considèrent comme des *obligés* et n'ouvrent la bouche que pour exprimer une reconnaissance attendrie et respectueuse. L'État ne se croit tenu à aucune déférence envers le contribuable — et, pareillement les Compagnies, qui sont de petits États dans l'État, traitent le plus souvent leurs clients comme des quémandeurs auxquels elles ne doivent rendre que des *arrêts* (avec ou sans buffet) et point de services!

Or, pour une Compagnie, l'impresario — si j'ose rééditer un à peu près de M. Paul Bourget — c'est la statue du Quémandeur.

Il semble que les Compagnies devraient pourtant compter avec le nombre croissant des tournées qui sont aujourd'hui pour elles une source énorme de bénéfices... Point du tout! Les organisateurs de tournées sont considérés comme des importuns, des empêcheurs de danser en rond.

Toutes les facilités qu'on accorde aux nombreuses familles, aux Sociétés et à tous ceux qui voyagent par groupes, tendraient à faire croire qu'un impresario qui déplace en moyenne une quinzaine de personnes à chaque tournée sera reçu à guichets ouverts. Autrement, à quoi bon toutes ces réclames que font les Compagnies pour les voyages circulaires à prix réduits?

Or, cette réduction que l'impresario demande lui aussi est légitime. Elle devrait être un DROIT, et la Compagnie la lui accorde comme une faveur — et avec quelles restrictions ! — Je n'en veux pour preuve que ces formules de demandes imprimées dont voici un échantillon et qui nous sont imposées par toutes les Compagnies :

La simple légalisation des signatures ne suffit pas.
La demande devra, en outre, contenir un engagement ainsi conçu :
« Je m'engage, *en échange de cette faveur*, à n'exercer aucune action, ni « prétendre à aucune indemnité contre la Compagnie pour aucun arrêt, « empêchement, changement de service, diminution du nombre de trains « ou défaut de places, qui m'obligerait, ainsi que ma troupe, à monter « dans les voitures d'une classe inférieure, ainsi que pour retard, soit « dans la marche des trains, soit dans la livraison de nos bagages ou de « notre matériel de théâtre. »

... Enfin, ne pouvant faire autrement, les Compagnies se résignent à accorder une réduction de 50 0/0 aux artistes qui voyagent au nombre minimum de six (*dix* sur le Nord)...

Encore faut-il s'estimer relativement fier d'être Français... car, en Belgique, on n'obtient cette réduction que pour une troupe de vingt personnes et au-dessus.

En Suisse, la réduction n'est que de 20 0/0 à 25 0/0 pour un minimum de seize personnes.

En Allemagne, en Autriche et en Turquie, il faut représenter l'effectif d'un régiment, sinon d'un corps d'armée !

Tandis que sur l'Est et l'Ouest, ce détail est considéré comme absolument insignifiant, le P.-L.-M., le Nord, le Midi et l'Orléans jugent que le *nom des artistes* a la plus grande importance et tiennent à ce qu'il soit libellé sur les demandes qu'on leur adresse.

Ces formalités autorisent de la part des impresarii quelques inoffensives plaisanteries. Je me garderai bien de vous les dévoiler toutes, pour ne pas m'attirer les malédictions de mes confrères. Il me souvient pourtant que sur des demandes du P.-L.-M. qui EXIGE non seulement qu'on produise les engagements des artistes, mais encore qu'on *indique les emplois*, je me suis fait parfois un malin plaisir de libeller des indications dans le genre de celles-ci :

LE BARGY	Emploi . . .	*Maître de ballet.*
AIMÉE TESSANDIER.	— . . .	*Ingénuité.*
GALIPAUX	— . . .	*Père noble (des Financiers).*
PAUL MOUNET . .	— . . .	*Premier comique.*
JANE HADING . . .	— . . .	*Soubrette.*

UN PEU DE DOCUMENTATION

Autant pour plaire aux personnes qui aiment les documents précis que pour tirer des Compagnies une petite vengeance anodine, je vais vous livrer ici, le plus brièvement possible, les fiches que j'ai dressées sur chacune d'elles... Cela pourra servir à ceux qui se préparent à entrer dans la carrière et peut-être même à tous ceux qui se trouvent encore obligés de faire usage des chemins de fer.

ÉTAT

A tout... seigneur, tout honneur : l'État, c'est nous, et, à ce titre, nous lui devons la première place. C'est le réseau du plus fort, mais pas toujours le meilleur !

Sur l'État, les artistes en tournée n'ont pas droit aux express. On les *tolère* pourtant, mais en 1re classe seulement.

Étant donnée la vitesse des trains, les grandes tournées sont forcées d'utiliser les express... car il ne faudrait pas moins de onze heures — ou pas moins d'onze heures (sans aspiration !) — pour aller de Nantes à Bordeaux en train omnibus.

D'après l'affiche de HUART

pour les Tournées "Ch. BARET"

Je ne vous apprendrai point que l'Etat semble considérer la vitesse comme une tentative de suicide collectif...

Le « petit bonhomme de train » a, comme qui dirait, pris sa retraite sur notre réseau national!

Exemples :

D'Angers à Poitiers, il faut cinq heures pour faire 157 kilomètres.

De Tours aux Sables-d'Olonne, il faut huit heures pour faire 250 kilomètres.

RAYMOND
Impresario CH. BARET.

Affiche de *Barrère* pour les Tournées CH. BARET.

NORD

Le Nord ni la grandeur ne nous rendent heureux... C'est pourtant la Compagnie dont il n'y a presque à dire que du bien : les wagons sont parfois excellents, les employés sont polis, aimables même, les trains marchent bien et arrivent souvent à destination.

Lors même que les bureaux ne chercheraient qu'à interpréter *la lettre* du règlement, le personnel subalterne saurait en rendre l'application possible par l'esprit bienveillant qu'il montre en toute occasion.

OUEST

Cette Compagnie, qui vient de se noyer dans un rachat, détient fermement le record du retard. Il y est devenu tellement classique que quand par hasard un train arrive à l'heure exacte, toutes les correspondances sont chambardées et l'on peut craindre les pires malheurs.

L'imminence du rachat a permis de remettre aux calendes toutes les améliorations.

Les rapports de la Compagnie avec les impresarii sont possibles.

L'Ouest montre quelque bienveillance : mais contrairement à l'Etat, il n'admet pas que les artistes voyagent en première. Ceux qui veulent s'offrir ce luxe paient place entière au-dessus de sept ans.

Quant au matériel, le monde entier lui rend justice! Il défie sinon toute concurrence, au moins toute description.

Dans les grandes tournées, c'est-à-dire dans les tournées qui ne s'arrêtent que dans les grandes villes et qui conséquemment sont obligées de faire de longs trajets, le réseau de l'Ouest est celui qui fatigue le plus la troupe. Les wagons sont sales et incommodes. Les trains, même les express, s'arrêtent souvent. *Une rondeur* (1) peut difficilement supporter sans une extrême fatigue un voyage entre Brest et Nantes. Elle risque de devenir *une cassure.*

EST

La Compagnie de l'Est paraît considérer les impresarii comme des anarchistes dangereux. A Paris, ils ne sont reçus que dans l'escalier et par des garçons de bureau qui les regardent avec un mélange de crainte et d'ironie.

L'Est accorde toujours le minimum de faveurs. Il impose ses trains omnibus aux artistes en tournée... avec une rigueur excessive. Or, les trains omnibus de l'Est permettraient à Mirbeau d'ajouter un chapitre à son *Jardin des Supplices.*

On s'est souvent étonné à Strasbourg et à Mulhouse de ces excès de rigueur à l'égard des acteurs qui vont parler français en Alsace.

Les banquettes de l'Ouest sont trop petites, celles de l'Est sont plus larges, mais les wagons sont suspendus comme des voitures régimentaires ou des caissons d'artillerie et tout cela marche avec un bruit de ferraille assourdissant.

J'ai souvent dû, à mon grand regret, refuser les propositions des Sociétés alsaciennes de Strasbourg parce que cela m'eût imposé *quinze heures* de trajet dans des wagons malaxeurs.

P.-L.-M.

La plus *formaliste* des Compagnies.

C'est tout au plus si elle n'exige pas des artistes en tournée qu'ils

(1) Se dit d'un acteur paré d'un embonpoint jovial.

produisent leur extrait de naissance, leur certificat de vaccine, leur livret militaire et leurs diplômes scolaires et ne leur fasse passer un conseil de révision!

Elle donne à ses contrôleurs les instructions les plus sévères. Il y a quelques années, alors que j'exploitais le Théâtre des Célestins de Lyon au moyen de troupes volantes qui se remplaçaient chaque semaine avec les derniers succès de Paris, nous avions commis l'erreur de faire voyager de Lyon à Paris une troupe de dix artistes avec le permis d'une autre troupe de dix artistes. Bien qu'il n'y eût pas fraude et que le permis fût employé à l'usage auquel il était destiné, je reçus du commissaire de mon quartier l'avis — au moins imprévu! — que j'allais être cité en police correctionnelle. J'écrivis au directeur de la Compagnie. Je plaidai ma cause, en risquant une discrète allusion aux soixante mille francs que je verse bon an mal an aux Compagnies. Le commissaire de police reconnut ma bonne foi et s'étonna d'une pareille intransigeance; le contrôleur de la Compagnie convint qu'il n'y avait pas la moindre tentative de fraude...

A la suite de tous ces témoignages favorables, *je n'en fus pas moins contraint de payer place entière* pour mes dix artistes... Mais j'avais évité le banc de l'infamie ! — Je n'en suis pas, d'ailleurs, plus fier pour ça !

... A part la grande ligne Paris-Nice, le P.-L.-M. est le réseau le moins propre à l'organisation d'un itinéraire.

On tremble toujours en inscrivant sur un parcours de tournée Le Puy ou Annecy. On se demande comment on s'y rendra et l'on craint de n'en jamais revenir!

Je parle seulement des tournées qui ne visitent que les villes au-dessus de 20.000 âmes... Quant aux autres, il en est qu'on n'a jamais revues!

MIDI

Cette Compagnie est encore moins conciliante que ses grandes rivales : il y manque visiblement un chef d'égards.

Quant aux retards des trains, ils inspirent une certaine nostalgie indulgente pour ceux de l'Ouest!

Généralités

Et pourtant, par un aller et retour imprévu des choses d'ici-bas, les Compagnies qui semblent se méfier des artistes, ne se désintéressent point des choses du théâtre!... Alors que les comédiens en tournée en arrivent à préférer les *circulaires* aux demi-tarifs, pour éviter les mille inconvénients inséparables du billet d'*Artiste*, le personnel de l'exploitation garde un culte fervent pour le billet de faveur. Il est très rare qu'à peine débarqué le directeur de la Tournée ne soit pas appréhendé par le chef de gare qui lui demande des places pour sa famille et tous ses parents en ligne directe et collatérale. Sur le P.-L.-M. en particulier, les chefs et sous-chefs de gare, et même les inspecteurs et les contrôleurs ont des familles si nombreuses qu'ils semblent avoir résolu le problème national de la repopulation.

Il me souvient qu'à Nîmes, je répondis naguère à l'un de ces chefs de gare. . et de famille qui m'exposait la requête habituelle:

— Pensez-vous qu'une cinquantaine de places, pourraient suffire ?

A quoi il me répondit sans sourciller :

— Ça pourra aller.

Mon silence accablé dut lui paraître injurieux ! mais du moins il n'en laissa rien voir, tandis qu'à Perpignan, un sous-chef de gare à qui j'avais cru devoir refuser quelques rangs de fauteuils, me toisa d'un air menaçant et grommela entre ses dents serrées :

— C'est bon !!... Demain je ferai peser vos bagages *moi-même*.

Il n'y a pas besoin d'être sorcier ni psychologue pour deviner ce que je lui répondis.

Sa menace était pourtant de nature à me faire réfléchir ; car il arrive trop souvent que l'humeur des chefs de gare et de leurs subordonnés exerce une influence néfaste sur le poids des colis.

Après la lutte, les poids

Ah! les gros poids, les gros poids, les gros poids!! Et l'apparition du spectre de l'excédent, juste terreur des impresarii...

Je connais intimement, dans certaines gares que je pourrais nommer si j'étais *rosse*, des bascules à bagages qui sont soumises à des variations aussi nombreuses que celles du Carnaval de Venise... Je ne citerai pour mémoire (car il n'y a si bonne compagnie qui ne s'acquitte !) qu'une tournée du *Duel* qui, partie de Brest avec 370 kilos de colis contrôlés, n'en avait plus que 303 le lendemain en arrivant à Rennes et 450 le surlendemain en débarquant au Mans. Vous me direz que cela devait tenir à la différence de latitude... mais celle que j'observai envers la Compagnie manquait de déférence !

Les personnes qui voyagent avec un sac à main et une brosse à dents se rendront difficilement compte des *impedimenta* dont s'encombre forcément une tournée dramatique. Il y a des étoiles qui emportent 250 kilos.

Facteurs et Factures

Pour éviter, autant que possible, l'inévitable encombrement, les tournées bien organisées emmènent un régisseur spécial, dont la fonction consiste à s'occuper des bagages et à en surveiller le transbordement; et avant le départ on prend la précaution de coller sur les malles des étiquettes très voyantes, afin que les employés puissent les grouper sans trop de difficulté.

Quoique l'on fasse tout le possible pour leur épargner de la besogne, les facteurs n'en égarent pas moins assez souvent les colis. Dans ce cas la Compagnie offre royalement 7 fr. 50... Mais l'impresario qui sait à quoi s'en tenir et ne se laisse pas éblouir par une telle générosité fait acheter en double tout le contenu de la malle égarée et présente les factures à la Compagnie. C'est alors que la fête commence ! Avant de se décider à payer, la Compagnie fait appel à tout un monde d'inspecteurs, de contrôleurs, d'experts et d'arbitres. On peut ainsi agrandir le cercle de ses relations !

Comme toujours, avec la Compagnie d'Orléans, les choses ne s'arrêtent point là !... Car les avocats de l'Orléans tiennent absolument à plaider... Il faut bien que tout le monde vive !

CHAPITRE IV

LE ROMAN COMIQUE CONTEMPORAIN

Le Wagon de Thespis

(*D'après l'affiche de Barrère*)
Pour les Tournées Ch. Baret.

Les voyages, qui selon la forte expression d'Hugues Delorme forment la jeunesse et déforment les malles, exercent aussi une réelle influence sur le caractère, en ce sens qu'ils développent cet égoïsme qui fait le fond de la nature humaine. Comme l'amour et le jeu, le voyage nous fait voir les hommes tels qu'ils sont, c'est-à-dire uniquement occupés d'eux-mêmes, ne cherchant que leurs aises et toujours prêts à sacrifier l'intérêt général à leur intérêt particulier. Evidemment, ça n'est pas très joli à voir; mais comme voilà cinq mille ans que ça dure, on commence à s'y habituer.

Les artistes en voyage ne sont ni meilleurs ni pires que les autres hommes : ils s'en distinguent pourtant par quelques manies et quelques *tics* professionnels qui ont toujours tenté les observateurs.

Les moyens de transport s'étant quelque peu transformés depuis le *Roman Comique*, on peut essayer d'ajouter quelques traits à la physionomie de l'acteur en voyage, car la fonction crée l'organe ; on ne fait pas les mêmes gestes dans une roulotte que dans un wagon-lit et le *Pullman Car* impose d'autres attitudes et un autre état d'âme que la « rotonde » de l'antique diligence « Laffitte et Caillard ».

Il faut d'abord signaler la décadence du *M'as-tu-vu*... Je ne crains pas de l'affirmer : si étonnant que cela puisse paraître, la profession de comédien est devenue l'une de celles où l'on parle le moins de son métier. Le *M'as-tu-vu* classique est allé rejoindre le diplodoccus, le plésiosaure et le confident de tragédie au magasin des vieilles lunes. Ce péché mignon qui consiste à ne parler que de soi-même et à croire ingénument que cela peut intéresser les autres semble avoir passé des acteurs aux écrivains... Je connais à Paris (et vous connaissez aussi bien que moi) certaines terrasses de café où l'on entend parler littérature, *vente et clientèle* beaucoup plus en une demi-heure qu'on n'entendait parler théâtre entre comédiens pendant toute une semaine. Le *M'as-tu-lu ?* a détrôné le *M'as-tu-vu ?*

... Mais cela ne veut pas dire qu'en voyage les acteurs ne parlent entre eux que du paysage et ne discutent que l'excellence relative des buffets et des tables d'hôte... Il y a aussi les absents, qui sont toujours là pour fournir des sujets de conversation...

Des Caractères

Quelques petits croquis pris en cours de route en diront plus que des considérations générales.

Je demanderai donc au lecteur la permission de faire mon petit Théophraste... Oh ! je n'ai pas d'illusion ; je sais bien que je n'emprunterai à l'auteur grec des *Caractères* que son procédé et que de lui à moi, il restera toute la différence d'un Rembrandt à un Kodak.

Voici donc quelques binettes crayonnées sans prétention...

Le Compteur

On ne saurait accuser Mirlet de prodigalité, ni de jeter follement son argent par les portières des wagons.

Quand il sait qu'après la représentation, la tournée doit repartir dès le lendemain matin, il demande au chef de gare la permission de revenir chercher un objet oublié dans le compartiment ; mais les camarades ne sont point dupes d'un tel stratagème. Et quand on retrouve au matin Mirlet étendu parmi les coussins, l'œil vague et les reins ankylosés, de mauvais plaisants lui demandent d'un air négligent s'il ne compte pas offrir au buffet un chocolat général avec les économies réalisées sur ses frais d'hôtel. Mais Mirlet fait la sourde oreille, bâille, s'étire et se rendort.

On ne lui en veut pas ! On s'est tant amusé le jour où Mirlet s'étant trompé de wagon en gare de Lyon a contemplé au réveil les montagnes de la Suisse au lieu du port de Marseille.

Et l'on cite de lui ce mot qui trahit son goût pour l'économie :

— Ah ! quelle tournée épatante ! Toutes les nuits en chemin de fer !

Le Lecteur assidu

Louit transforme le wagon en cabinet de lecture : la conversation ne le tente point ; à chaque voyage il transporte dans le fond de sa malle les œuvres complètes d'un écrivain, qu'il a su choisir d'autant plus fécond que la Tournée sera plus longue. Quand il ne s'agit que d'un simple déplacement, Zola ou Daudet lui suffisent... Mais pour affronter les longs parcours, il n'hésite point à emporter tout Dumas père.

Le " Notaire "

La Grandière semble voyager sinon pour s'instruire, du moins pour instruire les autres. En lui s'incarne ce type indispensable à une tournée qui se respecte — et que José Dupuis appelait « Le Notaire ». — « Il sait tout ! » c'est un Larousse vivant. Son érudition infatigable, et d'ailleurs incertaine s'exerce aux dépens de tous ses compagnons de route : il prétend intéresser les dames à l'archéologie, et improvise en wagon des cours d'esthétique et d'architecture comparée. Mais hélas ! l'Histoire de France n'a que des secrets pour lui. Il voudrait trouver un contradicteur, mais l'on se méfie ; et ses théories les plus subversives sur le rôle du cardinal de Rohan dans l'Affaire du Collier, ou sur les rapports du mariage d'Eléonore d'Aquitaine avec la Guerre de Cent ans ne soulèvent que des approbations véhémentes. Autour de lui, l'on parle de tout autre chose. Il n'en a cure : il continue. Son voisin de face, qu'il a choisi pour victime, écoute avec résignation le récit de la Conjuration d'Amboise... car La Grandière ne sépare point ses notions historiques de ses souvenirs de théâtre. Pour lui, tout se rapporte aux drames dont il a incarné les héros : le château de Blois lui fait remonter tout son Dumas père; celui de Pau lui évoque la Belle Gabrielle... Plessis-les-Tours lui rappelle Casimir Delavigne.

Et tandis que la tournée s'intéresse à un potin de coulisses et que tout le monde écoute une histoire scabreuse qui circule sous le manteau... d'Arlequin, La Grandière étend le bras vers un manoir qui vient de surgir à l'horizon et commence :

— Là-bas, au pied de la colline, s'élève le joli castel de Cardussac, construit sous Henri, à l'époque de la *Bouquetière des Innocents*.

LE SOLITAIRE

La camaraderie n'a point de charmes pour Barville. Son prudent égoïsme le tient à l'écart de ses compagnons : on n'aurait qu'à lui demander un service ! Dès qu'il le peut, il quitte le reste de la troupe, et sous prétexte « qu'on étouffe ou que tout ce bruit lui fait mal à la tête », il s'isole dans un wagon où il sait bien que personne ne viendra le relancer : car sa réputation d'ours et de grincheux est solidement établie. Il le sait et s'en félicite : cela lui assure la tranquillité. Une malicieuse camarade a dit de lui :

— Ce pauvre Barville, il a un mauvais caractère, sans doute, mais si égal !

Barville « n'aime pas les autres », il ne s'occupe jamais d'eux, et demande en retour qu'on ne s'occupe jamais de lui.

Il ne fréquente pas les cabots, il fait bande à part. On le traite de *Suisse* : il ne s'en formalise point.

Dès que le train entre en gare, il saute hors du wagon et

prend *son avance à l'allumage*. Une seule idée le préoccupe et lui donne des ailes : arriver le premier à l'hôtel !

— Car, se dit-il, si nous nous présentons quatre ou cinq ensemble, je serai forcé d'offrir ma chambre à une femme.

Et Barville tient à s'assurer la meilleure chambre...

Quand le reste de la troupe arrive à l'hôtel, il est déjà installé depuis un bon quart d'heure et rien ne le déciderait plus à déménager !

Le « Patito »

Tout au contraire, Ch. Rubin maintient la tradition de cette vieille galanterie française !... Il cherche à rendre service : Il se dépense, il se multiplie. Cela relève de son emploi.

Comme il est le plus jeune de la troupe, les dames font appel à ses bons offices et Ch. Rubin remplit de bonne grâce les fonctions de chevalier servant. A lui l'honneur de porter le petit sac !...

Mais au bout de deux ou trois jours, les camarades s'avisent qu'il porte toujours le même.

— Tiens ! tiens ! se dit-on... Ch. Rubin a jeté son dévolu ! Une idylle s'ébauche.

Et l'on fredonne :

C'est une idylle et voilà tout !

Toute la troupe s'intéresse au dénouement prévu...

Quelques jours se passent encore...

Ch. Rubin, plein de prévenances, porte toujours le même petit sac et l'entoure de soins jaloux...

Puis un beau matin, il ne s'en charge plus...

— Ça y est ! se disent entre eux les camarades qui la connaissent. Il est arrivé à ses fins !... Et maintenant, ce n'est plus la peine !

Le Penseur

Depuis quelques années, le wagon de Thespis s'est augmenté d'un nouveau voyageur : *le Penseur*... celui qui s'adonne au *Théâtre d'Idées* ! Celui-là exerce son métier comme un sacerdoce : c'est un prêtre de l'art, un pasteur de l'idéal ; il ne pense qu'en majuscules ! Les Destinées de l'Humanité le préoccupent ; il est l'Apôtre de la Vérité, le Soutien de la Justice, le Rempart de l'Idéal, le Protagoniste du Beau, le Dispensateur du Verbe ! Il semble toujours parler sur un promontoire, et les contingences ne le sollicitent point ! Il oublie parfois de changer de linge, et ne s'abaisse point à de vaines hydrothérapies. Ibsen lui a révélé la tristesse du *Mensonge social*, et Nietsche la *Volonté de puissance*... Et l'on ne saura jamais tout ce qu'il a appris de Bjoernstierne Bjoernson... Le seul nom de Scribe, d'Augier ou de Gondinet amène sur son pur visage une crispation de dégoût... et quant au nom de Labiche, il crache en le prononçant.

L'ANGE DU FOYER
Affiche de Cléret pour les Tournées CH. BARET

Il s'exprime en phrases sibyllines : c'est un embrumé du cerveau. La gaîté lui répugne, et rien ne lui semble plus vain ni plus bas que l'*esprit au théâtre*. Lui, ne travaille que dans le Symbole !

Il prend tout au sérieux, et surtout lui-même.

Généralement, il se choisit un auteur, qu'il cite à tout propos et hors de propos. Cet auteur, qu'il revendique pour son maître, peut ne pas être un auteur dramatique.

Ainsi, je me rappelle avoir connu un *Penseur*, qui pendant toute la durée d'une de mes tournées, s'est promené avec un roman d'Huysmans sous le bras. Il parlait du maître comme d'un ami, et se réclamait de ses opinions philosophiques ou culinaires.

— Huysmans me disait toute sa répugnance pour ces poissons avariés, nageant dans une sauce sans gloire!

— Tel n'est pas l'avis de mon cher maître Joris-Karl!...

...Ce n'est qu'à la fin de la tournée qu'un camarade s'aperçut que le roman de Huysmans n'était pas coupé.

⪢ Le Loustic ⪡

Mais le *penseur* n'a pas détrôné le *fumiste*!... Cette variété de personnes qui s'obstinent à représenter la vieille gaîté française, n'a jamais cessé de sévir sur les tournées dramatiques... La race n'est pas éteinte des joyeux lurons qui se font traîner sur les chariots à bagages le long des quais de gare, qui changent les plaques des wagons, qui abrutissent de faux renseignements d'honnêtes familles égarées, qui simulent une crise d'épilepsie ou de *delirium tremens*, qui entonnent des chœurs, imitent des cris d'animaux, qui se déchaussent dans les wagons et passent leurs pieds par la portière.

Ceux-là s'amusent de tout, et transforment en train de plaisir la plus triste ligne d'intérêt local!

Ils se créent des relations sur tout le parcours, troublent le sommeil des cités paisibles par des simulacres d'attaques nocturnes à main armée, jettent le désarroi parmi les habitués du *Café de l'Industrie* ou de la *Taverne du Lion Rouge*.

Dans une paisible brasserie d'une petite cité méridionale, l'un de ces fumistes incorrigibles, profitant, un soir après le spectacle, du sommeil qui avait envahi les deux pauvres garçons éreintés, eut la cocasse inspiration de remplacer subrepticement les œufs durs disposés sur une assiette, par des œufs frais qu'il venait d'acheter... Au premier abord, ça n'a pas l'air très drôle...

Mais la physionomie du premier client qui cassa négligemment son œuf sur le bord de la table, aurait déridé les plus tristes fronts, les plus souillés peut-être, et je ne me la rappelle jamais sans une certaine joie sournoise.

Le Gastronome

Moins jovial que les fumistes, mais plus dangereux peut-être, Moulafroy fait sa cuisine en wagon. Il porte en sautoir une boîte de botaniste, remarquable par ses dimensions inusitées... et des profondeurs de cet étui en fer-blanc, il extrait au milieu du parcours, un petit fourneau, des mèches, un bidon à pétrole, une casserole, un jeu de plats qui rentrent l'un dans l'autre comme les pièces d'un joujou japonais, des boîtes de conserves alimentaires, des paquets de comprimés, des flacons d'extraits de viandes, de petits pots bizarres... et quantité d'autres bons objets. Il faudrait un commissaire-priseur pour dresser un inventaire complet de tout ce que récèlent les flancs de la boîte mystérieuse. Cela tient du paradoxe et de la prestidigitation...

Sans se laisser démonter par les rires et les plaisanteries, Moulafroy dispose paisiblement tout son mobilier portatif — et comme on dit à la caserne, *il installe* !

Il vide son bidon, taille ses mèches, allume son fourneau, et sérieux comme un pape, fait cuire des œufs sur le plat.

Les risques d'incendie augmentent à vue d'œil !

Le wagon s'emplit d'un parfum pénétrant quoique désagréable.

Mais il a pour lui l'indulgence complice des dames, qui ont toujours faim entre leurs repas. Et les camarades n'ont jamais exercé contre lui qu'une vengeance bien innocente : un jour qu'il avait imprudemment laissé traîner sa boîte, ils l'ont décorée d'une belle étiquette :

Tond les chiens, coupe les chats

... Elle y resta pendant toute la tournée.

Tout le monde descend !

Enfin, tout le monde descend... et, naturellement, tout le monde descend à l'hôtel !

Tout le monde ?... Non !

Dans les tournées, il se trouve parfois des artistes qui ont des relations et qui reçoivent l'hospitalité chez des « personnalités de la localité » pour parler la langue administrative. Mais ce cas-là se présente assez rarement.

Toutefois, certains descendent ailleurs qu'à l'hôtel...

La Dévote

Mlle Juliette de Vernon entre autres est tout à fait exceptionnelle. Nimbée d'une auréole officielle, elle ne craint point pourtant les foudres de la « Troisième » et malgré la Séparation, elle va se loger pieusement dans les couvents.

Elle entretient dans chaque diocèse des rapports affectueux avec les Visitandines, les Bénédictines, les Augustines, les Franciscaines, et les Mères Supérieures lui font le meilleur accueil. Notre coquette joue à merveille — et le plus sincèrement du monde — son rôle de brebis égarée. Au retour de la représentation, elle se drape bien sagement dans le petit lit blanc et propret qui sent la lavande, et fait sa prière avant de s'endormir... Le lendemain, loin de la promiscuité banale des tables d'hôte, sa gourmandise se plaît aux potages veloutés, aux coulis savoureux, aux entremets savants, aux confitures émollientes... et le soir, quand elle « rentre dans le Siècle », elle constate avec joie que l'intérêt de son salut se trouve d'accord avec la plus appréciable économie...

Le Sybarite

... Lui non plus, ce bon d'Aubleu ne descend jamais à l'hôtel. Mais ce n'est point dans les couvents qu'il va faire sa retraite : au contraire ! Il s'accommode bien mieux de cette hospitalité joyeuse et cordiale, dont quelques maisons, dans chaque ville de province, perpétuent la tradition. Il est là comme chez lui : toutes ces dames, au salon, écoutent avidement le récit de ses triomphes : on se l'arrache. Ses saillies et ses bons mots font pâlir un moment l'étoile du vérificateur des poids et mesures et sa verve éclipse celle même de l'entreposeur des tabacs, « cet indispensable boute-en-train, qui est de toutes les fêtes »... Le soir de son passage, Madame revêt sa tenue de gala et illumine

« à gigorno ». Les amis de la maison viennent tailler une bavette après le théâtre ; on sable le champagne, ces demoiselles se multiplient — et « l'orgie se prolonge fort avant dans la nuit ».

D'Aubleu fait du prosélytisme et s'acquitte envers Madame par une vaste publicité : il amène des camarades et organise des soupers « où la plus franche cordialité ne cesse de régner ».

Tout le long du parcours de la Tournée, il reçoit des lettres mystérieuses et décachette ouvertement des enveloppes parfumées.

— Tiens ! c'est de Carmen ! dit-il d'un air dégagé... ou de Lakmé ; ou de Mignon ! (ou, tout simplement, de Louise !)

Ainsi le répertoire de notre génie éminemment national s'incarne à ses yeux en des personnes dont il n'hésite pas à faire l'éloge le plus détaillé.

... Les tournées de ce vieux d'Aubleu ne s'achèvent jamais sans quelque fatigue — bien gagnée !

Ohé ! Tavernier du Diable !!

Quant à la *majorité* (je veux dire les artistes qui descendent à l'hôtel !), elle ne se distingue guère de l'unanimité des voyageurs qui circulent à travers le vaste monde.

La vie d'hôtel est partout la même, et la fantaisie la plus originale n'en saurait varier la banalité.

On cite bien l'histoire de ce comédien de talent qui décampa d'un hôtel en y laissant pour toute garantie une grosse malle de la plus rassurante lourdeur (qui tenait... à ce qu'elle était vissée au parquet de la chambre) ; et la paisible ville de Château-Gontier fut naguère scandalisée par la fuite d'une troupe de comédiens, dont tous les hommes, déguisés en femmes, défilèrent devant la caissière de l'hôtel, en lui jetant cette phrase négligente :

— Mon mari vous paiera tout à l'heure !

Il arrive encore parfois que certains acteurs gardent toute leur mémoire pour leur rôle et négligent d'acquitter.. le leur !

Mais ces faits-là deviennent de plus en plus rares.

Les comédiens s'assagissent, et le *Roman comique* tourne au *Roman bourgeois*.

Pourtant, le vieux préjugé contre la bohème persiste encore dans beaucoup de villes, — et les comédiens trouvent assez difficilement à se loger : la plupart des hôteliers se les représentent comme une clientèle bruyante et débraillée ; ils ne sont jamais bien sûrs qu'à table d'hôte, « ces gens-là » ne se mettront pas brusquement à chanter au dessert ou à embrasser leurs voisines ; ils redoutent la rentrée nocturne de la troupe, et les imitations de cris d'animaux à travers les corridors, et l'inextricable confusion des paires de bottines sournoisement *transbahutées*.

... Il est vrai que certains artistes ont parfois des exigences bizarres. Je n'en veux pour preuve que ce petit dialogue recueilli dans un hôtel de l'Ouest :

— Qu'est-ce qu'il y a ce soir pour dîner, Madame Camusot?

— Pour ce soir, Monsieur Dalanville?... Du potage, un plat de poisson, un ragoût de veau, du poulet rôti, une salade et des gâteaux.

— Fort agréable menu ! sauf le poisson que je ne digère pas... Eh ! bien, Madame Camusot, vous me ferez, s'il vous plaît, monter le potage et le ragoût de veau dans ma chambre, à six heures. Le poulet... ne vous dérangez pas !... je le mangerai au moment de partir pour le théâtre... Quant aux gâteaux, vous serez bien aimable de m'en faire un petit paquet que j'emporterai dans ma loge.

Et, pour plus de sûreté, Dalanville fit faire le petit paquet sous ses yeux, — et le glissa, par inadvertance, dans la poche du pardessus d'un commis-voyageur... qui, deux heures après, écrasa frénétiquement dans sa main droite deux éclairs au chocolat.

Affiche de Grün pour les Tournées CH. BARET.

CHAPITRE V

LES ÉTOILES

QUELQUEFOIS, EN LEVANT LES YEUX... (*Air connu.*)

Féminines ou masculines, les étoiles se prennent toutes pour le soleil, et je ne crains pas de vous causer une désillusion en insinuant que la modestie n'est pas leur vertu dominante !

Disons-le franchement : pour l'étoile, et quoi qu'il fasse, l'impresario est toujours un parfait crétin !

Si la Tournée ne réussit pas, c'est la faute de l'impresario qui aurait dû mieux choisir ses villes ou apporter plus de soin à la publicité.

Si la Tournée réussit, l'impresario n'y est pour rien ! car l'étoile a toujours la ferme et tranquille conviction que l'éclat de son nom seul suffit à attirer les foules, — et il n'est point rare de l'entendre s'écrier devant une salle archi-comble :

— Quel dommage qu'on n'ait pas mis le prix des fauteuils à vingt francs au lieu de sept !!

Il va sans dire que l'étoile s'attribue tout le succès de la pièce : le talent de l'auteur n'est que l'occasion qui permet à l'étoile d'affirmer son génie, et les camarades ne sont que des repoussoirs ou des inutilités.

La vanité professionnelle des étoiles ne va pas sans une

aimable ingénuité qui désarme l'ironie... Il me revient une anecdote qui vous en dira plus que tous les commentaires.

L'Inévitable Anecdote!

Je donnais à Nantes voilà quelques années un spectacle qui se composait de *l'Anglais tel qu'on le parle* (un succès assuré!) et d'une fort jolie pièce en trois actes de Paul Bilhaud et Maurice Hennequin. Les deux principaux rôles de cette pièce étaient interprétés par deux comédiens très connus du public parisien... mais qui n'ont pas coutume de révolutionner la province quand ils se promènent isolément.

On était pourtant venu en foule. Et, sans aucun *m'as-tu-vuïsme*, il me semble bien que j'y étais pour quelque chose, cela par la simple raison que je suis Nantais et que mes compatriotes, qui montrent toujours le plus aimable empressement à chacune de mes tournées, se faisaient un plaisir de venir m'applaudir amicalement dans une pièce nouvelle pour eux : le charmant ouvrage déjà classique de Tristan Bernard.

Dès le lever du rideau, la salle était comble et personne ne partit avant la fin.

Or au cours de la soirée, l'un des deux comédiens que j'avais amenés me prit à part et me dit :

— Hein! quel succès! C'est étonnant, tout de même, ce que ces Nantais ont de la mémoire. Il y a bien dix-sept ans que je n'étais venu ici... et pourtant voyez comme ils se souviennent de moi, la salle est comble!

Je tombai d'accord avec lui que la mémoire des Nantais tenait en effet du prodige...

Quelques instants après, l'autre m'aborda en clignant de l'œil.

— Eh bien! me dit-il... Ah! ces Nantais sont vraiment épatants, pour des provinciaux! je n'en reviens pas : il faut qu'ils soient au courant... C'est la première fois que je viens jouer ici, la salle est comble!

Je veux bien admettre qu'ils avaient raison tous les deux...

mais je ne puis m'empêcher de penser qu'ils tiraient un peu la couverture.

Trois Etoiles!

Pour attirer en foule le public de province, il ne suffit pas d'un nom connu entre la Madeleine et les Variétés : il faut une renommée universelle ou, comme dirait M. Paul Bourget : *mondiale!*

Pour ma part je crois bien qu'au fond, il n'y a que trois étoiles qui fassent de l'argent :

Jésus-Christ, Napoléon et Sarah Bernhardt. Et je les cite par ordre chronologique!

Encore est-il nécessaire que ces trois étoiles de première grandeur choisissent leurs pièces. Le Napoléon de *Madame Sans-Gêne* réussit mieux auprès du public que celui de *La Belle Marseillaise* et Sarah Bernhardt a toujours plus de succès dans *Phèdre* que dans *Magda* ou dans *La Ville Morte*.

Les Étoiles de Café-Concert

Le public applaudit les étoiles de café-concert plus que les plus illustres comédiens... et cela en vertu d'une loi que tous les gens de métier peuvent constater, et qu'on pourrait exprimer mathématiquement... si le BRAVOMÈTRE était inventé; à savoir que les *chanteurs* et surtout les interprètes de chansons et de couplets recueillent toujours plus d'applaudissements et des applaudissements plus intenses que les artistes dramatiques.

Et la raison en est bien simple : c'est que le *bis* est un appel à recommencer, ou à redire une autre chanson et que le public a toujours plaisir à entendre pour la seconde fois une chose courte et légère, tandis qu'il est difficile de faire reprendre l'apostrophe de Ruy Blas aux ministres ou le monologue de Charles-Quint! Un comédien ne fait relever qu'une ou deux fois le rideau, parceque c'est lui qu'on acclame; mais le public fait revenir le chanteur, parce qu'il en veut *encore une!*

Les Prétentions des Étoiles

... La prétention des étoiles ne va non plus sans... prétentions : je veux dire par là que leurs exigences sont proportionnées au sentiment qu'elles ont de leur valeur. Et vous pensez bien qu'elles l'estiment très haut. A les entendre, elles ont toujours joué devant des salles combles, toute la ville les attendait à leur sortie du théâtre; il a fallu organiser un service d'ordre pour leur permettre de regagner leur domicile, les étudiants ont dételé les quarante chevaux de leur automobile; on leur a fait un chemin de fleurs et les acclamations ont retenti sous les fenêtres de leur hôtel jusqu'au petit jour; il leur a fallu revenir saluer dix fois sur le balcon, etc., etc.

On raconte surtout ces petites histoires-là, à propos des tournées à l'étranger... et parfois l'impresario lui-même les accrédite. A beau *mentor* qui vient de loin!... (comme dit Willy). Mais quand il s'agit d'une tournée en province, les esprits curieux peuvent remonter aux sources, et l'on s'aperçoit alors que les étoiles ont un peu exagéré...

L'année dernière, voulant emmener dans cette bonne ville de Nancy une actrice bien parisienne, je lui demandai si elle avait déjà pris contact avec le public nancéen... Elle me fit répondre cette lettre :

Madame X... me charge de vous dire que la seule fois qu'elle ait joué à Nancy, sans sa troupe habituelle et avec un impresario incertain, la recette fut d'environ TROIS MILLE FRANCS.

Renseignements pris à la Société des Auteurs, la recette avait été de sept cents francs.

L'impresario doit toujours autant que possible se défier du lyrisme des étoiles et contrôler leurs renseignements.

Quand il les engage, il doit se mettre en garde contre leurs exigences, qui n'ont pas plus de limites que leur orgueil.

Et, en règle générale, il ne doit jamais accepter de régler les frais d'hôtel qui restent toujours à la charge de l'artiste : car les notes d'hôtel *pour étoiles* dépassent les notes d'hôtel *pour auto-*

mobilistes! Elles comprennent chaque jour non seulement la chambre, l'éclairage, le grand et le petit déjeuner, le dîner et le thé de cinq heures, mais encore les grands vins, l'eau minérale, le café *filtre*, les apéritifs, les liqueurs, les cigares, les timbres pour la correspondance, les innombrables télégrammes, le savon, l'eau de Cologne, les lotions, l'eau dentifrice, les poudres et les pâtes, les commissionnaires, les voitures de la gare au théâtre, et celles aussi qu'on loue dans la journée pour les excursions et les promenades, les pourboires au personnel de l'hôtel et de la gare et aux concierges des musées, le bain et le coiffeur dans la chambre, les journaux et revues... et j'en passe !... Et l'on dit que les Français ne savent pas voyager! Pour peu que l'hôtelier travaille de son côté et additionne par hasard la date et le numéro de la chambre... l'impresario ne s'en tire pas à son bénéfice.

BARET dans *Asile de Nuit*.
Tournées Ch. Baret

Mais enfin tout peut s'arranger... et il est avec les étoiles, comme avec le ciel, des accommodements!

Ainsi, une célèbre actrice m'avait demandé de payer les frais de déplacement de sa femme de chambre, et j'avais fait droit à sa requête... La veille du départ, elle s'informa gentiment du prix que me coûterait cette petite fantaisie... et je lui répondis que cela me reviendrait à vingt francs par jour environ.

— Eh bien! fit-elle conciliante, donnez-moi les vingt francs par jour et je me passerai de femme de chambre!

Les *besoins* des étoiles présentent souvent ce caractère d'extrême urgence.

Le père d'un jeune pianiste allemand (un phénomène âgé de neuf ans) me déclara un jour qu'il ne signerait notre traité qu'à la condition que je prisse l'engagement formel de lui faire venir sa bière de Berlin. Voilà du patriotisme utilitaire!

Beaucoup d'autres exigent que leur loge soit éclairée et *meublée* spécialement.

Et il me souvient d'une célébrité de café-concert, qui avant même de discuter la question des appointements, exigeait qu'on emportât quatre réflecteurs pour éclairer ses jeux de physionomie.

La Question d'argent...

...Je viens d'écrire le mot *appointements*... mais les étoiles n'en veulent pas entendre parler (c'est le *mot* que je veux dire... et non *la chose!*) *Appointements*, *cachet*, *rétribution*, *paiement*, sont des termes qui les offusquent autant que *gages* ou *salaires*.. Les sommes que les grands artistes daignent recevoir ne doivent être que des *indemnités* de route pour les gants et les voitures.

...Un baryton qui eut son heure de succès à l'Opéra me proposait de l'emmener en tournée dans le rôle de *Don Juan*. Et comme je risquais quelques restrictions sur la réussite de cette affaire qui devait me coûter gros.

— Surtout, me dit-il, que la question de l'indemnité ne vous préoccupe pas! Nous partagerons seulement les bénéfices... Mais vous consentirez bien à payer mon hôtel et mes frais de route.

— Sans doute, fis-je, un peu méfiant, mais encore faudrait-il savoir à quel prix vous les estimez.

— Oh! mon Dieu, me répondit-il négligemment, je crois qu'avec quinze cents francs par jour...

...Je dois reconnaître d'ailleurs qu'il me fit part de son intention d'emmener avec lui quelques amis sûrs et fidèles, « pour créer dans les salles une ambiance sympathique ».

Néanmoins, cette affaire n'eut pas de suites!

Le Dédain des Etoiles pour la Province

Pas plus que les auteurs, les étoiles ne connaissent la province, et quand un impresario leur propose de les emmener en tournée, elles semblent toujours faire un sacrifice. Le succès les fait revenir sur leurs préventions... mais quand la tournée ne marche pas à leur gré, la nostalgie s'installe dans leur âme, et dès la deuxième ou troisième ville on les entend se lamenter et répéter :

— On ne m'y reprendra plus ! Faut-il avoir quitté mon *chez moi !* Que dirait Paris de me voir ici?

...Car il ne passe point par la tête des étoiles que Paris puisse s'entretenir d'autre chose que d'Elles et de leurs petites affaires.

Et, bien entendu, l'opinion du public de province ne leur semble compter que si elle leur est favorable.

Une étoile en tournée ne fait jamais de concession au public et veut lui imposer ses tics et ses manies... Il me souvient d'une comédienne que rien ne pouvait décider à parler haut en scène : on ne l'entendait pas au quatrième rang des fauteuils. Un jour, à Vichy, mon regretté ami Fonbrune, l'ayant invitée à élever un peu la voix, s'attira cette verte riposte :

— Je ne fais pas d'art en province !

Leurs Petites Manies

Toutes les étoiles ont leurs manies ! Il peut arriver que le public n'en souffre pas et qu'elles soient très innocentes, ou même assez amusantes. Ainsi José Dupuis restait, en tournée comme à Paris, un peu gourmet, un disciple fervent de Brillat-Savarin : il ne voulait toucher à quoi que ce soit, qui ne fût pas de *chez lui*. Il emportait ses couverts, ses serviettes, ses nappes, et il n'écrivait jamais une lettre sans y parler de nourriture. J'ai de lui quelques autographes où je relève des phrases qui trahissent sa principale occupation.

— *Veuillez me faire savoir, par retour du courrier, cher ami, où l'on peut se procurer ces admirables saucisses que nous avons mangées l'autre jour chez X... Je n'ai pas osé le lui demander...*

mais vous qui êtes son commensal habituel! Nous sommes très bien dans cette petite ville, ma femme va déjà beaucoup mieux et la table est excellente!

Il allait même jusqu'à appliquer aux choses du théâtre des expressions culinaires et disait par exemple d'une pièce dont le succès s'épuisait :

— Quand le veau est trop cuit, il n'y a plus de jus : c'est le cas de cette pièce !

Le Crépuscule des Étoiles

Les manies et les exigences de nos étoiles contemporaines sont moins bénignes et moins aimables...

Mais qui sait si elles ne jouissent pas de leur reste ?

Déjà certains esprits subversifs se sont demandé si les étoiles étaient aussi indispensables qu'elles se l'imaginent à l'évolution du Théâtre.

Des auteurs, des directeurs et une partie du public ne cachent point leurs préférences pour une bonne troupe d'ensemble où chacun s'attache à traduire sincèrement et honnêtement la pensée de l'œuvre interprétée, sans donner à aucun rôle une importance exagérée.

Et il est vrai qu'une étoile crée toujours une disproportion et un désaccord. La présence d'un artiste illustre parmi des comparses sans gloire fait d'une pièce une espèce de monologue sans unité, — et le pire est que les auteurs en arrivent à écrire des pièces *pour une étoile*, — où il n'y en a que pour elle, où rien n'existe et ne tient que par elle et à cause d'elle, des pièces que l'étoile seule peut interpréter et qui par là même n'ont rien qui leur permette de survivre à son succès.

On dit aussi, mais je n'en veux rien croire, que certaines étoiles finissent par ne plus considérer leurs rôles que comme un prétexte à l'exhibition de leur seule personnalité. A en croire les mauvaises langues, ces étoiles-là remplaceraient l'Art par le Procédé; elles interprèteraient tous les personnages qui leur sont confiés avec les mêmes moyens, les mêmes gestes, les mêmes attitudes, les mêmes trucs, et pour tout dire le même *chiqué* : on les retrouverait toujours pareilles et identiques à elles-mêmes dans les rôles les plus dissemblables.

Décidément l'on ne respecte plus rien...

Un directeur de théâtre ne disait-il pas dernièrement :

— Les étoiles ?... il n'en faut plus ! C'est la mort du Théâtre. Elles ne servent qu'à fausser le sens d'une pièce ! Savez-vous quel serait mon rêve à moi ? Un chef-d'œuvre interprété par des gens de métier qui ne se préoccuperaient que de traduire la pensée de l'auteur... et dont on ne saurait jamais les noms !

Ce serait tomber d'un excès dans l'autre et enlever au Théâtre une part de son prestige, et aux comédiens le goût de leur métier. Mais il n'en est pas moins vrai que la réalisation d'une belle œuvre par une bonne troupe d'ensemble se rapproche davantage de la perfection que le seul souci d'exhiber une étoile.

En ce qui concerne le métier d'impresario, il faut bien reconnaître que les Tournées à étoiles sont généralement les plus mauvaises comme interprétation générale.

Et il ne peut en être autrement.

D'abord, les *indemnités* exigées par l'étoile absorbant presque tout le budget de la Tournée, l'impresario se trouve forcé de restreindre les autres frais et de se contenter d'une troupe de second ordre.

Et puis les étoiles toujours sûres d'elles-mêmes, de leur effet et de leurs effets, ne consentent presque jamais à se plier au dur travail des répétitions. Elles pensent que les petits camarades s'en tireront toujours assez bien, pourvu qu'ils leur donnent la réplique.

...On m'a affirmé qu'au théâtre de Gand, Mlle S... venue en tournée avec un illustre sociétaire de la Comédie-Française, se refusa à paraître devant le public parce que notre sociétaire n'ayant jamais répété la pièce avec elle, elle ne savait pas par où entrer... Il fallut improviser une répétition rideau baissé, le public étant dans la salle.

Je ne veux pas y croire... mais combien j'ai vu de faits semblables !

CHAPITRE VI

LE PUBLIC

Une Comparaison

LE SATYRE !

Affiche de Millière
Pour les Tournées Ch. Baret.

Comme dit notre maître Molière :

Je m'en vais vous bailler une comparaison !

J'ai bien peur que l'on ne m'accuse de vouloir *faire de la littérature*... mais les gens du métier me comprendront...

Eh ! bien ! il me semble donc qu'en pensant au *public*, tous ceux qui vivent du théâtre, auteurs, comédiens, directeurs et impresarii ressentent à la fois la même crainte et le même attrait qu'un matelot qui songe en regardant la mer : car le public, c'est notre océan, à nous ! Comme *l'autre*, il représente l'inconnu, le mystère, et tout ce qu'ils recèlent d'inquiétudes, de rêves et d'espoirs, de joies et de désillusions.

Et sans doute je n'ai pas la prétention de m'ériger en pilote !... mais j'ai un peu navigué sur cet océan-là et je voudrais simplement réunir ici certaines remarques que m'a suggérées l'expérience... quelque chose comme les notes d'un Livre de Bord. Je ne leur attribuerai point une valeur de conseils, ni d'avis péremptoires et décisifs : je ne veux que rédiger quelques constatations, dont le seul mérite consistera dans la vérité, l'exactitude et la complète sincérité. En matière expérimentale, de bons renseignements, précis et nets, peuvent valoir une découverte...

Des Gouts et des Couleurs...

Je ne crois pas en faire une, en déclarant que pour un impresario qui entreprend une tournée, il y a presque autant de publics différents que de régions prévues par son itinéraire.

Dans certaines villes de province, surtout au centre de la France, on s'occupe fort peu du mouvement dramatique contemporain. La foire ou le marché paraissent d'un intérêt beaucoup plus immédiat et direct et le passage d'une tournée ne risque pas de faire une révolution !... Un brave commerçant d'Auvergne, avec qui je venais de déjeuner à table d'hôte, crut devoir s'excuser en ces termes de ne pouvoir assister à la représentation de ma tournée.

— Je regrette bien, me dit-il, de ne pas pouvoir aller ce soir au théâtre; car le bruit court en ville que vous avez amené des *arlinquins* qui travaillent dans la perfection! Seulement, que voulez-vous? je demeure trop loin... ça serait toute une trotte pour venir au théâtre; et il y en a beaucoup qui resteront chez eux comme moi... Tenez! voulez-vous que je vous dise : eh bien! vous auriez toute la ville, si seulement vous faisiez votre magie sur la place!

Evidemment, c'était un point de vue.

Ailleurs, au contraire (et je pense aux grandes villes et aux régions de l'Ouest et du Midi), on se passionne pour les choses du théâtre; mais on ne veut pas se laisser monter le coup par les Parisiens et l'on met son amour-propre à penser autrement qu'eux. Cette prévention n'épargne ni les succès consacrés, ni les acteurs les plus illustres : à Rouen où un directeur de ma connaissance exprimait quelques réserves sur la compétence du public, à propos d'une pièce nouvelle qu'il avait l'intention de monter, un fidèle abonné des secondes lui répondit d'un ton de vanité blessée :

— Pas compétents? nous? — Sachez, mossieu, qu'ici nous avons sifflé Sarah Bernhardt.

Le directeur ne s'en sentit pas plus rassuré...

Pièces comiques et Pièces dramatiques

En thèse générale, on peut soutenir que devant le public de province, le succès d'une pièce dramatique l'emporte toujours, à valeur égale, sur le succès d'une pièce comique ;... mais la pièce comique fait toujours beaucoup plus d'argent.

A la fin de certaines pièces du répertoire de la Comédie-Française ou des grands théâtres de genre, il n'est pas rare que les rappels et les applaudissements forcent à relever le rideau quatre ou cinq fois; mais si, dans une ville au-dessous de trente mille habitants, l'impresario grisé par ce succès, se risque à donner le lendemain une seconde représentation, il y a de grandes chances pour qu'il joue devant les banquettes...

Au contraire, la pièce comique qui provoque le fou rire, s'achève dans le bruit des sorties; on applaudit si peu, que les acteurs en sont parfois désappointés; pourtant, si le public s'est franchement amusé, l'impresario peut rejouer la même pièce le lendemain devant une salle comble. Cela tient, je pense, à ce que le public en applaudissant, veut prouver qu'il est capable de comprendre une chose sérieuse plutôt qu'il n'est soucieux de remercier les artistes pour le plaisir qu'ils lui ont donné.

Engouement du Public

Quant à la reconnaissance que le public ressent pour les auteurs, elle reste, pour ainsi dire, impersonnelle. A de très rares exceptions près, on ne retient pas le nom des auteurs et le public confond dans la même estime ceux qui l'ont fait réfléchir — et plus encore ceux qui l'ont fait rire; il attribue toujours ce qui l'amuse à l'auteur comique qu'il préfère, et dont le nom lui est le plus familier. Ainsi le maire de X... me disait l'an dernier :

— Mon Dieu! que vous m'avez donc amusé dans cette pièce de Courteline... vous savez bien? *L'Anglais tel qu'on le parle!*

Tel autre spectateur attribue tous les mots spirituels à Labiche, de même qu'il y a cinquante ans, toutes les boutades amusantes revenaient de droit à Henri Monnier — de même encore que de nos jours on prête tous les mots *rosses* à Forain, et tous les *à peu près* à Willy. Il est vrai qu'on ne prête qu'aux riches!

Cette petite observation reste aussi juste quand il s'agit d'un comédien. Un acteur aimé du public est associé souvent au succès d'une pièce où il n'a pas joué. Il m'est arrivé maintes fois d'être confondu avec X. Z... et je pense que la réciproque est vraie! Un brave spectateur à qui j'avais eu la chance de plaire me disait un jour :

— Quel bon souvenir j'ai gardé de vous dans le *Train de Plaisir!*

J'eus l'affreux courage de lui avouer que je ne l'avais jamais joué... mais il ne se démonta point pour si peu et se fit fort de me démontrer que « c'était moi qui devais me tromper... »

Et je pourrais nommer l'excellent artiste qui fut tout rempli d'une fierté joyeuse par cet accueil enthousiaste d'un hôtelier :

— Ah! enfin, c'est vous! je puis dire que je vous attendais avec impatience!

Et comme le client rayonnait...

— Vous allez en avoir un monde!... Dam! c'est qu'on vous aime bien ici, monsieur Brasseur!

Hélas! le brave garçon n'avait de commun qu'un très vague rapport de physionomie avec le célèbre comédien...

Ces confusions sont assez communes et tendent à prouver une fois de plus, le néant de la gloire.

Nord et Midi

Si j'avais des loisirs, j'écrirais la *Géographie de l'Impresario!* Et j'établirais en principe, avec des documents et un atlas à l'appui, qu'en matière théâtrale la France est divisée (...comme sur bien d'autres points!) en deux grandes régions : le Nord et le Midi. Cela peut sembler au premier abord, une *Lapalissade.* Mais remarquez bien que je n'ai pas dit que la France était séparée en deux régions, l'Est et l'Ouest! Je me place à d'autres points de vue que les points cardinaux...

Il est incontestable que les pièces *dramatiques* font plus d'effet dans le Midi, et les pièces *comiques* dans le Nord : les gens du

Midi, qui ont plus de loisirs, vont au théâtre pour s'emballer, et ceux du Nord, qui travaillent davantage, y vont pour s'amuser. Les premiers aiment le lyrisme, les tirades éloquentes, les beaux gestes et les nobles attitudes; les autres sont réfractaires aux choses graves et aux pièces à thèse : ils préfèrent le mouvement, la gaîté et l'entrain. La diversité de notre théâtre permet de satisfaire ces tendances si différentes.

Les Pièces de parti

Mais que ce soit au Midi, au Nord, à Lille ou à Marseille, à Perpignan ou à Dunkerque, l'impresario ne doit jamais jouer de pièces *de parti* : ce serait le pire qu'il pourrait prendre.

Soit que le public de province, dans les petites villes, ne vienne pas en assez grand nombre au théâtre pour que la controverse y puisse intéresser des esprits différents et satisfaire des opinions opposées, soit qu'au contraire, dans les grandes villes, il y ait autant de partis que d'individus, une pièce politique fait rarement de l'argent. La politique ennuie toute la France : et quant aux hommes qui en font leur métier, ils inspirent au public des sentiments qui ne se partagent pas toujours entre l'enthousiasme et l'admiration. Et puis, et surtout, les femmes françaises en général, ont d'autres soucis et d'autres préoccupations. La politique leur inspire un dégoût naturel où se reconnaît leur bon sens et leur esprit pratique. Elles ont assez d'en entendre parler toute la journée, sans être encore obligées de s'y intéresser après dîner.

Le Prestige de l'Uniforme

Leurs préférences vont souvent aux pièces militaires. C'est un grand mystère de l'âme féminine (et dont sans doute l'anti-citoyen Hervé ne se consolera jamais) qu'un *penseur*, même libre, ou un cuistre de réunion publique ait moins de chances de plaire aux jolies filles et à leurs mamans qu'un officier de hussards... ou même un simple fantassin; mais il est de fait que les pièces militaires intéressent ou amusent tout le public, même et surtout le public *féminin*. C'est que tout le monde en France a été soldat, l'est ou le sera : et les choses militaires font tellement partie de la vie nationale, que chaque femme a pour ainsi dire vécu les *périodes d'instruction* et les années de caserne de son mari, de son frère, ou même de son petit cousin...

Peut-être aussi la caserne, où elles ne peuvent pas pénétrer, offre-t-elle aux femmes un attrait mystérieux, cette séduction des endroits inaccessibles que nous ressentons, nous autres hommes, pour les pays inexplorés, — ou tout simplement pour le harem, — l'attrait des lieux défendus, enfin!

Les Publics spéciaux

Un bon impresario ne doit jamais s'adresser qu'au grand public et ne faire aucun fond sur les publics spéciaux. On s'imagine à tort que le succès peut être déterminé par des raisons *locales*, ou *professionnelles*. Rien n'est plus faux : *L'Arlésienne* ne triomphe pas forcément *en* Arles, non plus que *Claudie* en Berry et il est toujours dangereux de chanter en provençal au pays de Mistral.

Un public *local* est trop sensible aux moindres erreurs de détail ou aux moindres défaillances d'interprétation. Surtout, le public, en général, n'aime pas ce qui lui rappelle trop directement la vie *quotidienne* : il va chercher au théâtre autre chose que le traintrain de l'existence et le terre à terre de ses occupations habituelles. Aussi ne faut-il jamais jouer *Le Client sérieux*, par exemple, devant un public exclusivement composé de magistrats, ni *Manette Salomon* devant un public de peintres, ni *Monsieur Badin* dans une soirée d'employés. Aucun commis-voyageur ne s'est jamais reconnu dans *Gaudissart*, ni aucun professionnel de la politique dans *Numa Roumestan*.

Les Spectacles trop longs

Enfin, en dehors de toute autre considération, et sur toute l'étendue de la France, sinon des deux continents, il ne faut jamais infliger au public un spectacle trop long qui dégénère en fatigue. C'est là le grand défaut de presque toutes nos scènes provinciales; et la Société des Auteurs devrait bien interdire ces *liquidations* théâtrales qui n'ont d'autre effet que de fatiguer et d'embrouiller le public, et d'exaspérer les acteurs. Il serait trop facile de recopier maintes affiches de théâtres provinciaux qui donnent à la queue leu leu un drame, un opéra et un vaudeville !... et je me contenterai d'en citer trois exemples, qui me remplissent d'effarement.

Le public Lillois a été convié à applaudir *Roger-la-Honte*, *Charles VI* et *La Princesse des Canaries* le même soir et sur la même scène !

Dans la paisible cité de Verviers, j'ai pu lire sur la même affiche *Le Député de Bombignac*, *Guillaume Tell* et *La Fille de Madame Angot ;* la *soirée*, si j'ose m'exprimer ainsi, commençait à quatre heures de l'après-midi et s'achevait à une heure... le lendemain matin ! Il y a de quoi devenir enragé... et *théatrophobe !*

Enfin j'ai vu jouer le même soir, à Nantes, *La Corde sensible*, *Faust* et *Madame Favart*... Il me souvient même qu'au deuxième acte de *Madame Favart* et alors que *Faust* était déjà *expédié* depuis longtemps, une brave dame placée près de moi et qui s'était beaucoup amusée à *La Corde sensible*, dit à son mari :

— Mais enfin, dans tout ça, que devient donc ce petit Califourchon ?

Ainsi, non seulement la longueur des spectacles fatigue l'attention du public, mais elle l'ahurit et lui fausse le jugement, et si j'osais risquer un *à peu près*, je dirais que ces entrepreneurs de théâtre au kilomètre sont vraiment... *les Soutiens de la Satiété.*

Le « Nom » !

En principe, les comédiens sont soumis à la même loi que les écrivains, à cette loi qu'un ironiste a plaisamment résumée dans un alexandrin définitif et lapidaire.

Pour se faire connaître, il faut être connu !

Affiche de JOSSOT
pour les Tournées "Ch. BARET"

Car le public, et en cela les publics de tous les pays se ressemblent, garde toutes ses préférences pour le comédien *qu'il connaît :* il a besoin d'être averti de la valeur d'un artiste pour pouvoir l'apprécier et ne s'avise presque jamais de découvrir un talent qui ne lui ait pas été signalé par une publicité claironnante et bien organisée.

Je ne crois sincèrement pas qu'il y ait, même à Paris, même dans le monde spécial des théâtres, deux personnes sur cent capables de distinguer du premier coup la valeur exacte d'un artiste original dont elles ne sauraient pas le nom.

Le cas se reproduit tous les jours...

Lorsque Huguenet vint débuter aux Variétés dans *La Noce à Nini*, toute la Presse parisienne fit chorus pour dire « qu'il n'était pas de la maison, qu'il sentait la province », etc. Or, à cette époque, Huguenet était en pleine possession du grand talent que les Parisiens lui ont reconnu plus tard : il avait fait les beaux jours de Bruxelles et de Lyon, où le public est difficile, et avait tenu avec éclat l'emploi des Dupuis dans les tournées de Céline Chaumont. Mais son heure n'était pas venue : on ignorait son nom et, par conséquent, on était incapable d'apprécier ses qualités.

Au début de ma carrière, j'avais organisé à Lagny-sur-Marne un concert où j'avais engagé deux jeunes artistes, un ténor et une cantatrice, celle-ci encore élève au Conservatoire. Bien qu'ils eussent interprété d'une façon supérieure les morceaux qui figuraient au programme, le public leur fit un accueil des plus réservés et le Sarcey de l'endroit me laissa paternellement entendre qu'il m'eût été facile de trouver des éléments plus brillants... Je crois bien me souvenir que le cachet de ces deux artistes ne me laissait pas le droit de me montrer très exigeant, car il ne devait guère dépasser un louis par personne.

... J'ai conservé le programme de cette soirée, et je ne me défends pas d'une certaine joie sournoise en retrouvant aujourd'hui les noms de ces deux artistes, naguère discutés à Lagny-sur-Marne : l'un était David, ce ténor léger qui fait les beaux soirs de la Monnaie et qui demande maintenant des appointements de six à sept mille francs par mois ; l'autre était Mlle Lucienne Bréval...

Seulement, voilà ! on ne les connaissait pas...

Le *nom* est tellement au théâtre la seule chose qui compte, qu'une fois consacré, il peut soutenir plusieurs générations d'acteurs...

Est-on bien sûr, par exemple, qu'Albert Brasseur qui fait tous les ans une tournée triomphale à travers la France doive toute sa force d'attraction à la seule renommée qu'il a d'ailleurs justement conquise aux Variétés? Je suis d'un avis tout à fait opposé. Je suis persuadé que le public de province applaudit le Brasseur des Tournées et non celui du Boulevard... et je sais même quelques vieux habitués de théâtres départementaux, devenus myopes au feu de la rampe, qui croient toujours applaudir en lui son illustre père !... C'est une réputation à laquelle on travaille, de père en fils, depuis quarante ans et il n'est pas étonnant qu'elle soit solidement établie !... Il en fut de même pour la fameuse raison sociale des Coquelin, et cela me semble prouvé par ce fait que j'ai vu à Lyon Jean Coquelin réaliser une recette que les deux autres n'avaient pas coutume d'atteindre!

Les grands Directeurs parisiens partagent en cela la superstition du public. Il peut arriver qu'un comique soit populaire à

Bruxelles ou à Marseille, à Lille ou à Lyon, ils hésiteront longtemps avant de l'engager, craignant qu'il n'ait pas *la note de la maison !...* Et pourtant cet artiste peut valoir ceux du théâtre parisien où il est appelé, mais on ne le connaît pas et jusqu'à ce qu'il ait trouvé un rôle qui le mette au premier plan... (et ce rôle-là, il peut l'attendre toute sa vie !) ses efforts seront condamnés à demeurer stériles.

Au contraire, quand un comédien dont la physionomie est populaire sur le boulevard se fait ce qu'on appelle *une tête*, c'est un succès de générale et de première assuré. Tout Paris l'acclame ; on n'en revient pas ! Le lendemain, les journaux lui tressent des guirlandes. On ne parle que de lui. — Quelle prodigieuse variété d'effets ! — C'est un pur Daumier ! — Avez-vous remarqué la façon dont il pince les lèvres ? Et sa sortie du trois ? Et quelle science de composition dans ce dandinement qu'il se donne en marchant ! — etc., etc.

Comment voulez-vous que le public parisien apprécie tous ces effets dans un inconnu, dont la physionomie ne lui dira rien ?

Illusions d'optique

A Paris, on ne voit un rôle qu'à travers les qualités, les défauts, et surtout les *tics* et les manies du créateur ; l'auteur lui-même n'y résiste pas. Cela peut conduire à des erreurs comme celle que commirent le directeur d'une scène bien parisienne et les auteurs de la pièce en cours quand après la mort prématurée de ce brave Torin ils cherchèrent partout pour le remplacer un acteur qui lui ressemblât physiquement : il eût fallu faire tout le contraire.

Le public de province, qui ne connaît pas toujours le créateur d'une pièce, n'a pas les mêmes exigences : il accepte avec faveur une interprétation tout autre que celle de Paris, pourvu qu'elle soit intelligente et adéquate au rôle... Mais encore faut-il que le nom de l'acteur lui soit familier. En tournée comme à Paris l'artiste qui obtient le plus de succès est nécessairement l'artiste connu, parce que de sa part *tout porte*, on accepte tout, on veut tout trouver bien. *Avoir son public*, voilà le rêve pour un acteur... C'est ce qu'exprimait à merveille le magnétiseur illusionniste Pickmann, qui venant d'être examiné — et recalé — en Allemagne pour sa valeur scientifique, repassa la frontière en disant fièrement :

— Je rentre en France ! Là, je suis sûr de moi : *j'ai mon public*.

Dame !... tout le monde n'a pas la candide impartialité du brave petit cireur de Nîmes... un de mes fidèles !... à qui je disais :

— Tu viendras au théâtre ce soir ? Tu m'applaudiras ?

...et qui répondit fièrement à cette tentative de corruption :

— Oui... si vous le méritez ! !

...De ce qu'un acteur doit avant tout être connu, il ne s'ensuit point pour cela qu'il lui soit indispensable d'élargir, comme on dit, le cercle de ses connaissances : il ne gagnerait rien à entretenir des relations mondaines avec la société des villes qu'il traverse ; car le public a besoin de voir les artistes d'un peu loin. Un acteur qui va dans le monde sera sans doute *mieux* connu, mais non pas *plus* connu : il s'y fera peut-être apprécier et aimer pour des qualités personnelles qui n'ont rien à voir avec son talent, mais il n'en sera pas plus applaudi, au contraire.

Le Domaine des Contingences !

Et maintenant que j'ai essayé de vous faire voir quelques-uns des rapports que l'expérience m'a permis de constater entre le public d'une part, et d'autre part le répertoire et les interprètes, je voudrais signaler quelques-uns des écueils où les meilleurs impresarii risquent de se perdre corps et biens... j'entends par là les causes d'insuccès qui dépendent uniquement du public, en dehors de la valeur des pièces ou du mérite de l'interprétation. C'est ce qu'un philosophe appellerait : les *contingences*... c'est ce que j'appellerai tout simplement la part du hasard. Elle est considérable dans notre métier : on peut la prévoir dans une certaine mesure, mais non pas la restreindre, et les cas sont nombreux où la seule ressource qui reste est de faire contre fortune bon cœur.

Avant de mettre une tournée en marche, si vous consultez quelques-uns des habitants des principales villes que vous avez l'intention de visiter, ils vous donneront, selon leurs opinions politiques ou littéraires, les renseignements les plus contradictoires sur l'esprit et les tendances de leurs concitoyens... mais si vous les interrogez sur les habitudes locales, si vous leur demandez, par exemple, quel jour de la semaine vous devrez choisir pour avoir le plus de monde et faire la meilleure recette, ils vous répondront invariablement :

— Il n'y a que le dimanche! Tous les autres jours de la semaine ne valent pas grand'chose pour vous...

Le lundi, c'est lendemain de fête... on reste chez soi... on se repose des plaisirs de la veille et l'on trouve qu'il est trop tôt pour recommencer.

Le mardi, jour du marché, tout le monde a autre chose à faire que d'aller au théâtre. La journée est consacrée aux affaires et le soir chacun ne demande qu'à se coucher de bonne heure.

Le mercredi?... Dame! le mercredi ne serait pas un trop mauvais jour, si vous n'aviez pas la concurrence de la musique municipale (ou de la musique régimentaire) qui joue sur le mail jusqu'à onze heures. Et puis, c'est ce soir-là que la Préfète reçoit (ou le Président du Tribunal, ou l'Inspecteur des Douanes).

Le jeudi... vous ne ferez pas un sou! Le jeudi appartient aux enfants! On les promène toute la journée... Le soir on a plein le dos de leur vacarme et si on ne les couche pas tout de suite, on ne peut guère les traîner au spectacle.

Le vendredi? Vous ne pensez pas sérieusement à venir un vendredi!! C'est un mauvais jour partout! Sans compter les gens superstitieux qui n'iront jamais au théâtre ce jour-là, il y a beaucoup de croyants pour qui le vendredi est un jour de pénitence! Et ces gens-là qui font maigre et qui se mortifient, sont des clients sérieux, dont l'opinion fait loi et qui vous jugeront sévèrement.

Quant au samedi, dans les villes du Nord, c'est le jour du *lavement*. On est tout au nettoyage et l'on ne songe qu'à son intérieur... Partout, du reste, le samedi a le défaut d'être la veille du dimanche... et l'on remet tout au lendemain!

De cette petite consultation, vous conclurez comme moi qu'il faudrait visiter toutes les villes le dimanche. Mais il n'y en a que cinquante-deux par an! et le don d'ubiquité manque aux impresarii...

Des chances d'insuccès qui dépendent du choix des jours, si vous passez au choix des mois, vous aboutissez à des conclusions encore plus désespérantes.

Pour une tournée, janvier est un mauvais mois, parce que les étrennes, les cadeaux et le terme ont vidé toutes les bourses, et qu'on risque de coïncider avec les plus fortes échéances de l'année.

Février est un mauvais mois, parce que la tournée se heurte à la concurrence des Fêtes du Carnaval... Les bals masqués, les réceptions, les festivals, les redoutes et les cavalcades détournent le public du théâtre, si la salle n'est pas retenue pour les galas de la municipalité.

Mars est un mauvais mois, parce qu'on tombe en plein carême!

Avril « honneur et des mois et des bois! » fait naître au cœur des citadins le besoin idyllique d'aller se retremper au sein de la nature. Le printemps est une féerie contre laquelle aucun spectacle ne peut lutter.

En mai, il commence à faire déjà bien chaud; tout le monde s'adonne aux sports en plein air : tennis, canotage, automobile, bicyclette, etc..., tous exercices qui ne prédisposent guère à s'enfermer, le soir venu, dans une salle de spectacle.

En juin, on y pense encore moins : il fait beaucoup trop chaud et le soleil luit pour tout le monde, sauf pour les impresarii.

Des mois de juillet et d'août, il ne faut même pas parler!... Tout le monde est parti. Les plages et les villes d'eaux ont dépeuplé toute la France et, dans ces lieux de plaisir, le Casino et les petits chevaux absorbent toute l'attention du public.

Et sans doute on commence à rentrer en septembre, mais les vacances durent encore et l'on est tout aux émotions de l'ouverture ! Le noble plaisir de la chasse retient à leurs châteaux les propriétaires et les hobereaux, et y attire tous les autres habitants des villes. Le coupon d'orchestre ou de balcon ne saurait tenir contre le permis !

Octobre est le mois de la rentrée... mais on a d'autres préoccupations. On se réinstalle ; on reçoit quelques amis ; on pense à l'éducation des enfants; on achète, pour se tenir au courant, quelques livres qu'on lit le soir sous la lampe. Et l'on se dit qu'on est bien chez soi.

Le mois de novembre reste encore le meilleur. S'il ne fait pas trop froid (car le plus souvent le théâtre n'est pas chauffé), une tournée peut avoir quelques chances de succès... à condition que les recrues aient la permission de théâtre.

Quant à décembre, c'est le mois où l'on n'aime pas à quitter le coin de son feu. La neige et le verglas retiennent dans leurs logis bien clos les bourgeois frileux et casaniers : ils n'en sortent que pour les fêtes de Noël. Et que ce soit Noël en France, Christmas en Angleterre, ou Saint-Nicolas en Allemagne et en Autriche, décembre concorde toujours avec l'époque des réunions de famille, des longs repas et des grands cadeaux.

Et je ne vous reparle pas de la concurrence toujours à craindre d'un cirque ou d'une troupe foraine, d'un acrobate ou d'un bateleur : le grand public n'hésite jamais entre une comédienne célèbre et l'éléphant de Pinder ! et la représentation d'un chef-d'œuvre ne fera pas un sou contre une course de taureaux ou un feu d'artifice.

La « belle » salle et la « bonne » salle

Ajoutez à toutes ces considérations locales ou transitoires l'état d'âme du public qui peut dépendre d'une grave nouvelle politique, d'une catastrophe, d'un accident, — ou tout simplement de la température ou de la digestion ! Sans doute le public se demande toujours : comment joueront-ils ce soir? Mais les pauvres comédiens connaissent les transes d'une incertitude quotidienne. Eux aussi se demandent : « Aurons-nous une *belle* salle? » et : « Aurons-nous une *bonne* salle? »

La belle salle?... On n'en peut jamais répondre. Malgré la valeur de la pièce et des artistes, des considérations imprévues et inéluctables peuvent empêcher le public de venir au théâtre. Le prix des places, par exemple! Dans une ville riche où je comptais faire salle comble, je fus saisi dès la fin du premier acte de ce sentiment qu'au moyen âge on attribuait à la Nature et qui s'appelle l'*horreur du vide*. La concierge du théâtre, voyant mon étonnement, me dit :

— Vous trouvez qu'il n'y a pas grand monde?... Mais c'est qu'aussi les places sont trop chères!

Dans la ville suivante, influencé par cette forte opinion, je réduisis de moitié le prix des fauteuils... Le résultat ne se fit pas attendre : il ne vint personne!

J'eus la curiosité de consulter encore la concierge du théâtre, pour voir si son opinion confirmerait celle de sa collègue :

— Que voulez-vous, monsieur! me répondit-elle... Ça n'a rien d'étonnant! Les fauteuils étaient si bon marché qu'on n'y a pas cru : on s'est dit en ville que ça n'était pas naturel, qu'il devait y avoir quelque chose là-dessous et l'on n'est pas venu!

Allez donc écouter après cela les conseils de l'expérience.

Quant à la *bonne salle*, qui comprend à demi-mot, qui rit d'avance, qui sympathise avec les artistes, qui crée une atmosphère d'intimité et de parfaite entente entre interprètes et spectateurs, elle peut toujours se laisser influencer par le moindre événement ; elle est à la merci d'une mouche qui vole, d'un programme qui tombe, d'un spectateur qui éternue, de l'interruption d'un titi.

Contre de tels hasards, il n'y a rien à faire.

Et notre métier en est plein!

On ne l'en aime que mieux... pour tout ce qu'il comporte d'imprévu et d'aventure.

Au dehors

Je ne voudrais pas finir ce chapitre sans rendre un juste hommage à cet admirable public belge, auquel tous les artistes français doivent tant de reconnaissance. Je n'en sais pas de plus bienveillant, de plus compréhensif ni de plus poli. C'est une vraie joie pour un impresario que d'avoir à interpréter une belle œuvre avec de bons comédiens devant ces vrais amateurs de théâtre qui savent apprécier toutes les délicatesses du métier et qui connaissent à fond tout le répertoire moderne.

Nulle part on ne s'intéresse plus qu'en Belgique au mouvement littéraire de notre pays... Bien des Français, qui ne connaissent nos voisins que pour avoir passé deux jours à Ostende et n'ont vu de Bruxelles que le « Manneken Pis », n'apprendraient pas sans étonnement que nos meilleurs auteurs d'avant-garde sont plus connus et mieux appréciés en Belgique que chez nous. Brieux était déjà connu là-bas quand il n'était encore apprécié chez nous que d'un cercle restreint et bien des pièces lyriques ou dramatiques, aujourd'hui consacrées en France, sont des chefs-d'œuvre « retour de Bruxelles ».

On n'ignore point d'ailleurs que d'illustres écrivains belges ont contribué à enrichir notre langue et notre littérature d'œuvres rares et profondes, aussi hautes par le style que par la pensée. Maeterlinck, Emile Verhaeren et Camille Lemonnier sont aujourd'hui des gloires universelles et le comte Albert du Bois s'est révélé comme un de nos poètes dramatiques les plus originaux et les plus puissants. Avec de tels *chefs de file*, il n'est point étonnant que le public belge sache apprécier les tentatives d'art neuves et originales.

On s'imagine trop chez nous que le degré de l'enthousiasme dépend du degré de latitude et qu'à mesure qu'on s'avance vers le nord l'atmosphère... morale des salles de théâtre se refroidit! L'expérience prouve tout le contraire : ainsi je ne connais pas de salles plus enthousiastes qu'en Belgique. Là, les spectateurs collaborent pour ainsi dire avec les artistes; ils soulignent tous les effets et savent applaudir aux bons endroits.

J'en pourrais dire autant de l'excellent public suisse. Quoique plus méridional, il montre moins d'enthousiasme et d'emballement que le public belge ; mais il est d'une extrême intelligence, rien ne lui échappe et il y a plaisir à jouer devant d'aussi parfaits connaisseurs.

Affiche de J. Abeillé
Pour les Tournées CH. BARET.

Avant d'avoir vu Baret

Après avoir vu Baret!

Affiche de Grün
pour les Tournées Ch. Baret.

CHAPITRE VII

CE QUE SONT LES THÉATRES DE PROVINCE

Propos incendiaires

...Je ne me sens pas l'âme d'un Néron, ni d'un Erostrate, ni même d'un simple anarchiste!... mais j'ose affirmer, après expérience faite, qu'un vaste incendie qui détruirait tous nos théâtres de province (sauf deux ou trois) pourrait être considéré comme un bienfait de la divine Providence...

Oh! je ne demande pas à *être là* (d'ailleurs, à moins d'avoir, comme quelques saints, le privilège de l'*ubiquité*, il me serait assez difficile de contempler en même temps tous ces sinistres épars) et je n'exige pas de victimes, je n'ai pas soif d'hécatombes.

Au besoin, une série de petits tremblements de terre habilement localisés suffirait à mon bonheur.

Mais de quelque façon que se produise ce cataclysme libérateur, je l'appelle de tous mes vœux, bien sûr de traduire par là le secret désir de tous les malheureux qui ont travaillé, sur une scène de province, à la distraction de leurs contemporains!

Le Progrès

...Je ne sais pas si vous avez quelquefois entendu parler du *Progrès?*... Il paraît qu'il en est souvent question dans les réunions électorales.

Quant à moi, je n'y crois guère... je ne crois pas qu'un prolétaire de nos jours soit beaucoup plus heureux qu'un serf du moyen âge; je ne crois pas qu'un bourgeois parisien jouisse plus ni mieux de la vie qu'un Athénien du temps de Périclès ou qu'un Français du XVIIIe siècle; je ne crois pas que les horreurs de la guerre, ni les ennuis de la paix se soient atténués depuis que le monde est monde. — Je ne crois pas... Si je vous disais tout ce que je ne crois pas, vous ne me croiriez jamais!...

Mais ce... *Non credo* une fois formulé, je ne puis pas m'empêcher de reconnaître que le dernier siècle a amélioré les moyens de transport et augmenté le confortable de la vie. Si la Science ne nous a jamais révélé une volupté nouvelle, du moins elle a délivré l'humanité de quelques inconvénients.

Au jour d'aujourd'hui, nous pouvons nous asseoir et même nous coucher dans un wagon; les hôtels sont devenus presque habitables; nos appartements sont à peu près éclairés et chauffés et les grands paquebots nous consolent de beaucoup de choses, d'abord parce qu'ils s'en vont, et ensuite parce qu'on s'y trouve bien.

Seuls, parmi ce progrès indéniable, les théâtres de France demeurent comme un vestige de la barbarie et comme un défi au bon sens! Car enfin, s'il y a un axiome certain, c'est que le théâtre est un luxe, — et que le luxe ne se peut concevoir sans le confort, — qui entre pour moitié dans le plaisir que le spectateur vient chercher au théâtre.

Or... pour parler un français doublement regrettable, nos théâtres « *détiennent le record de l'Inconfortable !* »

Pauvre Public !

Il semble qu'on y ait réuni, comme à plaisir, tout ce qui peut donner un avant-goût de l'Enfer ; la saleté, l'écrabouillement, la gêne (que dis-je : *la Géhenne !*), l'asphyxie, l'intempérie, la cécité, la surdité, l'obscurité, la mendicité, etc., etc. !

La plupart de nos théâtres ne sont pas chauffés... et ceux qui le sont, le sont si mal que leurs calorifères constituent un danger public.

On y gèle, quand on n'y étouffe pas : l'air ne pénètre dans la salle que par la toiture ou par des carreaux brisés. Il y devient vite, d'ailleurs, grâce à l'insuffisance de la ventilation, un des plus favorables bouillons de culture où se soient jamais développés tous les microbes de toutes les maladies contagieuses.

Dans la salle les places sont disposées de telle sorte qu'on n'y peut tenir ni assis, ni debout, ni couché, ni même à genoux. Aucun tireur ne saurait s'accommoder des positions que vous inflige une stalle de parterre... Cent cinquante ou deux cents places sont *sacrifiées.*

On ne peut voir distinctement le spectacle que des trois premiers rangs de fauteuils, et du premier rang de balcon.

On ne voit jamais rien des loges... et quant aux malheureux qui se[illegible]t offert le luxe d'une baignoire, d'énormes piliers en quincon[illegible] l[illegible] interdisent la vue de la scène.

Il est v[illegible]lleurs que tout s'y passe dans la nuit ; les éclairages semb[illegible]glés par la sombre fantaisie d'obscurantistes en délire... Sur telles scènes de province (à Roanne et à Moulins par exemple...) la scène est tellement obscure que l'on n'y peut jouer que les plus terribles petits actes empruntés au répertoire macabre du *Grand Guignol*. Le plus gai vaudeville y paraîtrait sinistre... et *le Coup de Jarnac* y retentirait comme le coup de minuit !...

Nulle part l'espace ménagé entre les fauteuils n'est assez large pour qu'on y puisse circuler librement, — vous me direz qu'il n'y a pas qu'en province... Mais ce n'est pas une consolation !

De tous les supplices auxquels est exposé le spectateur contemporain, je n'en connais pas de pire que celui du pauvre monsieur qui placé au milieu d'une rangée se trouve obligé, pour aller s'asseoir, de bousculer dix à douze personnes, d'écraser vingt à vingt-quatre pieds et deux ou trois chapeaux, de faire se lever plusieurs dames et d'encourir la juste fureur de quatre ou cinq messieurs. De cette victime, on peut dire, quand elle parvient enfin à s'asseoir, qu'elle a gagné son siège ! Il n'en faut pas plus pour se faire des ennemis et ramasser un joli petit duel !

Et c'est une question, restée insoluble entre tous les *Manuels de civilité*, de savoir si l'on doit tourner la face ou... le contraire aux dames devant lesquelles on passe. De quelque façon qu'on s'y prenne, la gymnastique où l'on est forcé de se livrer, pour se glisser entre deux rangs de fauteuils, risque partout de passer pour grossière ou inconvenante.

Pauvres Artistes !

Et tout cela, qui semble combiné tout exprès pour faire du spectateur un martyr, n'est rien encore auprès de *ce qu'on n'a pas fait* pour les artistes.

L'acoustique de la plupart des salles leur interdit tout espoir d'être entendus au delà du sixième rang de fauteuils.

Partout la plus franche saleté ne cesse de régner. — Je pourrais citer cinquante scènes où le souci de l'hygiène imposerait aux acteurs l'obligation de jouer tout le répertoire en scaphandres ! Et les vaillants chauffeurs de Paris-Pékin hésiteraient à faire rouler leurs machines sur le parquet des scènes de province... Ce sont là des vérités cruelles, mais qu'on ne saurait trop répéter. ...*Amicus Plateau, magis amica Veritas !*

Les loges d'artistes pourraient servir de modèles pour la

construction des logements insalubres. Il n'y a pas de théâtre, même parmi les plus récents, parmi ceux qui ont coûté le plus cher (et je ne sais pourquoi je pense surtout au nouveau théâtre de Cette), où les infects cabanons réservés aux interprètes ne réunissent toutes les conditions de la malpropreté, de l'exiguïté, de l'incommodité, de l'insécurité... et de l'insanité pure et simple !... Il est à regretter que nos remueurs de moellons officiels ne se soient pas inspirés des cellules et des cabanons qui font le juste orgueil de notre prison de Fresnes !... Souvent les artistes sont forcés de s'habiller dans les couloirs, parce que le nombre des loges est insuffisant, ou parce qu'on n'y peut étendre les bras, ni se retourner, ni s'asseoir. Et j'épargne aux personnes qui ont l'odorat susceptible, la description de ces couloirs, étroits, sombres, jamais balayés, — et où tous les parfums se mêlent sans se confondre !

Mais rien ne saurait dire la détresse lamentable des accessoires et des décors. Les admirables progrès réalisés depuis une vingtaine d'années dans la machinerie théâtrale restent ignorés de toutes nos villes de province. Et partout les décors sont en lambeaux, les meubles branlants et les accessoires hors d'usage ; car, nulle part, on n'a songé à construire les magasins ou les remises nécessaires pour serrer le matériel... Ainsi des populations bénévoles ont vu jouer *Le Monde où l'on s'ennuie*, *Gillette de Narbonne*, *Andromaque*, *Miss Helyett* et *La Puissance des Ténèbres* dans les mêmes décors, dits *bourgeois*, *rustiques* ou *plein air*.

Sans doute, de temps à autre, certaines villes se décident à secouer leur torpeur : on se paie un retapage de décors et le fond s'augmente d'un *intérieur* ou d'une *place publique*... Mais ces essais sont le plus souvent malheureux !... Car neuf fois sur dix, la municipalité gaspille les deniers de ses chers administrés en faisant établir des décors sans aucune utilité pour le répertoire moderne et qui, brossés au hasard par le décorateur de la grande ville voisine, ne répondent jamais aux besoins du théâtre et ne sont pas combinés d'après les progrès actuels... Sans entrer dans trop de détails, je puis vous révéler sous le sceau du secret (professionnel!) qu'il est impossible de jouer beaucoup de pièces à X. sur Y., par la raison que les décors, pourtant tout neufs... n'ont que deux portes!

>> Les Théâtres neufs et l'Architecture contemporaine <<

Vous pourriez croire que cette critique ne s'étend qu'aux anciens théâtres et qu'on a su mettre à profit les leçons de l'expérience... C'est exactement tout le contraire!... Les salles de spectacle le plus récemment construites réunissent tous les défauts des anciennes, — à ceux de nos architectes contemporains!

... A X. sur Y. (déjà cité au désordre du jour!), à Cette, où la construction du théâtre a coûté des sommes folles, à Rouen (*Alhambra*), à Bourg, à Evreux, où d'ailleurs le nouveau théâtre est merveilleusement situé au milieu d'un grand jardin, partout enfin où l'on *a fait du neuf*, l'incompétence des architectes semble un défi au bon sens : pas de dégagements, pas d'espace, la plus déplorable acoustique, la plus inconfortable distribution des locaux, des calorifères meurtriers, ni loges d'artistes, ni magasins d'accessoires... mais des *chichis*, des festons, des astragales, des colonnes qui ne soutiennent rien, des fenêtres qui s'ouvrent sur des cours, des portiques qui donnent sur des murailles, des guirlandes, des cariatides, des statues, des kilomètres de peinture, des ornements en faux simili-staff, voilà tout ce qu'ils ont su réaliser!

A qui la faute?... A eux d'abord, sans doute, — et surtout à nous, Français, qui nous laissons gouverner et berner par des messieurs qui causent!

Nous ignorons en France cette loi qui fait la grandeur de l'Angleterre : *The right man in the right place.* Nous ne savons jamais choisir « l'homme de la situation! » Chez nous, lorsque quelqu'un s'est particulièrement distingué dans le journalisme, on le bombarde ministre de la Marine, et un amiral a toutes les chances de se voir confier le portefeuille des Finances ou des Travaux publics.

Nous passons notre temps à réaliser le paradoxe de Beaumarchais : « Il fallait à cette place un calculateur, ce fut un danseur qui l'obtint !... »

Dans le cas qui nous occupe, qui donc est responsable du choix des architectes : *les commissions théâtrales !*

Or une commission théâtrale se compose le plus souvent de quelques braves gens qui n'entendent rien aux choses du théâtre : un médecin, un officier en retraite, un tailleur, un épicier. Une fois réunis, ces braves gens se mettent, en bons Français, à parler politique : c'est le seul sujet où l'on n'ait besoin d'aucune connaissance spéciale et sur lequel on soit toujours sûr de ne pas s'entendre... Quand il s'agit de choisir un architecte, on en fait d'abord une question électorale ; les relations, la camaraderie, les recommandations et les influences politiques s'en mêlent ; il s'agit avant tout de faire plaisir à un ami du maire, de se ménager les bonnes grâces du député, de ne pas froisser l'architecte de la ville...

Il en résulte que la construction du théâtre est, le plus souvent confiée à un architecte,— pour qui la Maçonnerie sans doute n'a pas de secrets, — mais que rien n'a préparé à sa mission. Et l'architecte ne laisse point passer, bien entendu, une si belle occasion de faire son apprentissage. Il apprend son métier aux dépens de la ville.

Et voilà pourquoi à l'heure actuelle tous les nouveaux théâtres de France sont des exercices *d'essai*... Si, du moins, on les avait tous confiés au même architecte, il aurait peut-être fini par savoir quelque chose... Mais non !... Il y a autant d'architectes que de théâtres, et chacun recommence *ses écoles* et renouvelle toutes les bévues de ses confrères, en y ajoutant les siennes.

Ces bévues, j'en ai déjà signalé une partie : mais toutes peuvent se ramener au vice initial de l'Architecture moderne, le plus douloureusement comique de tous les beaux-arts : à savoir que, de nos jours, un architecte sacrifie tout à la décoration extérieure... et aussi à celle de la Légion d'honneur, de l'Instruction publique, du Mérite agricole ou même du simple Nicham Iftikar ! Pourvu que « ça fasse de l'effet », il s'estime content... Nous pas! Nous savons trop (grâce à M. André Hallays, à M. Curnonsky, à M. Marcel Boulenger et à quelques autres chroniqueurs qui voient juste et écrivent bien) ce que nos architectes actuels ont fait pour l'enlaidissement de Paris... Sur les plus beaux points de la ville, ils ont réalisé des rêves de Canaques en délire. Il serait peut-être temps qu'on se mît à disputer le reste du territoire à leurs fantaisies lapidaires, sans quoi ils auront vite et mal fait de ridiculiser toute la province française par les plus saugrenus monuments d'inutilité publique !!

L'Ad-mi-nis-tra-tion !!

Mal bâtis, les théâtres de province sont encore plus mal administrés... Là aussi, la politique s'en mêle, puisque c'est notre tare nationale, — et son ingérence se fait cruellement sentir dans l'organisation, ou plutôt dans la complète désorganisation de tous les services.

Dans les villes au-dessous de 50.000 habitants, l'administration des théâtres est entre les mains du maire qui, à de très rares exceptions près, délègue ses pouvoirs à un adjoint... Et vous pensez si monsieur l'adjoint a autre chose à faire !... Quant à tout ce qui concerne l'administration intérieure, c'est une corvée dont il a vite fait de se débarrasser en passant la main au *conservateur*.

S. M. Le Concierge

Le Conservateur!!! Que ce beau titre ne vous en impose pas. Monsieur le conservateur, 95 fois sur 100, est le *Pipelet !...*

L'on peut affirmer qu'en France le concierge est le grand maître des théâtres. Il s'y installe en propriétaire et considère l'arrivée d'une troupe ou d'une Tournée comme une injure personnelle, — ou une invasion des Barbares... Car il a de bonnes raisons pour ne pas tenir à ce qu'on mette le nez dans ses petites affaires. Certaines lui rapportent pas mal, car il a souvent tout pouvoir pour réduire ou augmenter légèrement les frais de soirée en cas de bonne ou de mauvaise recette ; le bordereau des frais est à sa discrétion et, comme de juste, il sait inventer mille petits trucs pour faire son beurre (dont le parfum, du reste, envahit tout le théâtre !) : dans telle ville, il porte aux dépenses quinze francs pour un ventilateur imaginaire, dans telle autre, il fait figurer des balayages, des lavages et des cirages... Cela n'empêche pas d'ailleurs que tout ne soit parfaitement dégoûtant ; car c'est une règle générale : le concierge d'un théâtre l'entretient dans un état de saleté qui désarme la colère. Il trouve que la poussière conserve et comme il sait ce que c'est que de *conserver*, on ne peut que l'approuver... Il va sans dire qu'il accapare toutes les loges d'artistes pour y loger sa famille ; de telle sorte que, si sa petite tribu vient à s'accroître, on risque de ne plus pouvoir jouer que des pièces à deux personnages, — et de faire habiller les hommes et les femmes ensemble...

Dans les villes au-dessus de 50.000 habitants, le théâtre est, toute l'année, aux mains d'un Directeur qui l'administre selon ses idées personnelles. Il ne m'appartient pas de juger des collègues ; mais je dois à la vérité de dire que dans une certaine proportion (oh ! de quatre-vingt-dix pour cent, tout au plus !) les théâtres de province sont fort mal tenus.

Enfin dans certaines villes, il y a des *commissions théâtrales.* Mais leur rôle se limite à la réception des artistes de la troupe sédentaire et elles n'interviennent jamais dans les questions de contrôle, d'administration, etc.

Le Service intérieur

Partout, quel capharnaüm, quel désordre et quelle gabegie! Les incuries d'Augias, comme dirait Willy!

La police des théâtres de province donne assez l'idée du Palais-Bourbon pendant une interpellation, ou d'une classe d'enfants très mal élevés. Tout le monde semble s'être donné le mot pour *faire du chahut!*

Les ouvreuses fredonnent dans les couloirs, se crêpent le chignon ou fessent leur progéniture.

Les machinistes chaussés de gros souliers, ou même de sabots, mènent un tel vacarme autour de la scène que parfois les artistes ne s'entendent plus... et que la salle les entend encore moins. J'ai vu très souvent des acteurs en scène obligés d'interrompre le dialogue et d'aller aux portes pour imposer silence à messieurs les machinistes et les prier de cesser leur... sabotage! Et les pompiers! Ah! ceux-là, quiconque a joué sur une scène de province les envoie au feu de tout son cœur! (Je ne parle pas de Paris où ce service est *admirable* et sans reproches, comme d'ailleurs à Nantes, au Havre... et en Belgique)... Mais en thèse générale, le pompier de service, en province, est la plaie du théâtre... Il y promène une ivresse manifeste, presque constante; il marche, il marche partout, tout le temps, à tort et à travers, et trop souvent de travers; il ouvre au hasard toutes les portes de communication et les laisse retomber avec fracas ; il crache partout, touche à tous les accessoires, se vautre sur les mobiliers de style ; et enfin il se fait accompagner de toute sa famille qui la plupart du temps entre frauduleusement dans la salle. Mais il n'y a rien à dire là contre, et pour deux raisons devant lesquelles tout Français doit s'incliner :

I. Le Pompier est ÉLECTEUR.

Et cela se passe de commentaires!

II. Le Pompier FAIT SON SERVICE.

Comme le brigadier légendaire, IL A RAISON !

Il a raison tout le temps, par fonction, par devoir, par habitude et par une sorte d'obscure et profonde nécessité.

Il observe la consigne ! il n'a pas besoin de la connaître, encore moins de la discuter : il l'observe. Un point, c'est tout.

Et comme je demandais indiscrètement à l'un d'eux ce qu'il entendait par *observer*, il me répondit du ton et avec l'accent péremptoires que vous pensez :

— Observer ?... ça veut dire monter sur un monticule et observer au loin !

Et cela, en effet, me laissa sans réplique.

Quant à la police proprement dite, je veux dire ces bons flics dont M. Clemenceau s'intitula *le premier*, elle arrive toujours à la fin du spectacle, pour toucher ses émoluments.

Mais rien ne vous donnera une plus juste idée de ce que sont les théâtres de province que cette lettre adressée par un de mes administrateurs au maire de Privas qui n'en accusa jamais réception.

« MONSIEUR LE MAIRE DE LA VILLE DE PRIVAS,

« *Je crois devoir vous signaler la mauvaise organisation du Théâtre Municipal, qui nous a porté hier au soir un réel préjudice.*

« *Le personnel des ouvreuses et postes n'est pas assez nombreux; il se compose, en effet, de quatre personnes dont l'une cumule sa fonction avec celles de concierge, garçon de salle et accessoiriste, de sorte que cet homme se trouve fréquemment obligé d'abandonner son poste de surveillance aux entrées pour aller faire son service de scène.*

« *Cette insuffisance de personnel de salle fait qu'une même ouvreuse se trouve dans l'obligation de recueillir des cartes d'entrée pour plusieurs sortes de places, d'où il résulte que des confusions sont inévitables et qu'il est possible de passer sans contrôle d'une place à une autre.*

« *Enfin, fait beaucoup plus grave, le gazier n'a commencé à allumer qu'à 8 h. 20, alors que les bureaux devaient ouvrir à 8 heures et la représentation commencer à 8 h. 1/2. Sur ma réclamation le concierge l'alla chercher et eut la fâcheuse idée de sortir par la porte principale qu'il négligea de refermer, ce dont profita le public pour entrer. L'obscurité étant complète et l'évacuation difficile dans ces conditions, le service d'ordre ne comportant qu'un agent :* le garde champêtre, *je dus pour faire patienter la foule, commencer la distribution des billets à la lueur d'une bougie, après toutefois m'être assuré que les ouvreuses étaient à leur poste pour empêcher d'entrer dans la salle. Malheureusement il n'en fut pas tenu compte et nombre de personnes y pénétrèrent quand même avec ou sans billet.*

« *A un autre point de vue on reste effrayé à la pensée qu'une catastrophe aurait pu se produire si, pendant l'obscurité, un accident quelconque était arrivé.*

« *D'après une enquête faite minutieusement, on peut estimer à une cinquantaine de francs au moins le tort causé à M. Baret par ces faits de négligence et d'insuffisance du personnel.*

« *Quant au matériel, je dois vous signaler le mobilier trop sommaire des loges d'artistes où aucun crochet ne permet de suspendre les effets et plus particulièrement les cabinets d'aisance qui sont d'une malpropreté repoussante et dégagent une odeur insupportable.*

« *J'espère, Monsieur le Maire, que vous remédierez dans la mesure du possible aux défectuosités sur lesquelles j'ai l'honneur d'attirer votre bienveillante attention et je vous prie d'agréer l'expression de mes sentiments très distingués.* »

... Vous voyez qu'hélas ! je n'invente rien.

Un Théatre Idéal

Et pourtant... pourtant je connais quelque part en dehors de Paris, un théâtre idéal — et dont nos architectes devraient bien s'inspirer...

> Là tout n'est qu'ordre et beauté,
> Luxe, calme et volupté !

Tous les risques d'incendie y sont habilement prévus et il n'est pas entré un morceau de bois dans la construction.

L'on peut voir et entendre de partout.

Les calorifères (à circulation d'eau chaude) répandent une chaleur égale et qui ne monte pas à la tête.

Les spectateurs ne sont point serrés comme des harengs.

Les éclairages, équilibrés sur des fils de fer, sont réglés *selon l'heure des scènes*.

Les décors peints à l'amiante, sont exacts et harmonieux, et l'on a su utiliser les derniers progrès de la machinerie, qui sont énormes, sans que nos architectes aient jamais paru s'en douter.

Et rien ne trouble la représentation.

Tous les employés du théâtre sont chaussés d'espadrilles qui amortissent le bruit de leurs pas; et à toutes les portes qui communiquent à la salle, aux couloirs et aux loges d'artistes, se tient assis sur un haut tabouret un employé spécialement préposé au soin de retenir le battant, pour qu'il ne fasse pas de bruit en retombant.

Les accessoiristes et les tapissiers chargés de disposer les bibelots et les meubles portent de longues blouses blanches avec, sur le devant, une immense poche qui contient les menus objets dont ils peuvent avoir besoin (peaux pour les cuivres, plumeaux, clous, semences, marteaux!). Vous me direz que ça doit les faire ressembler à de grands marsupiaux? Sans doute... mais c'est rudement pratique!... Et, de plus, ils sont obligés de porter des gants qu'ils ne doivent pas quitter de toute la soirée, sous peine d'amende...

Ce théâtre idéal, je ne l'ai pas rêvé.

Je l'ai vu, dis-je, vu, de mes propres yeux vu!

Et mes tournées y ont même remporté de beaux succès...

C'est le Stadschouwburg d'Amsterdam.

Nos villes de province qui auront la chance de voir brûler leurs théâtres (et je souhaite de tout cœur que cet heureux événement arrive un soir de relâche!) feront bien d'envoyer des architectes expérimentés visiter le grand théâtre d'Amsterdam, et ceux aussi de Berne, de Munich et de Vienne.

Tristes Conclusions

Car il est triste de le constater... Ce pays qui tient la tête du monde entier par sa production artistique et théâtrale semble retarder d'un siècle sur tous les autres en ce qui concerne la construction, l'administration et la police d'un théâtre... Toutes les tournées françaises pourraient affirmer combien leur étonnement est grand et leur admiration vive dès la frontière passée. Sans parler des porteurs qu'on trouve à toutes les gares et du confortable des hôtels, il n'y a aucune comparaison à établir (ou plutôt hélas ! il y en aurait de trop...) entre nos pauvres scènes de province et celles de Suisse, de Belgique et d'Allemagne. Presque partout en Suisse, les théâtres sont mieux tenus qu'en France et pourtant, à part Genève et Berne, ce sont de vieux théâtres et qui ne paient pas de mine : mais l'organisation y est parfaite. Le chauffage central est installé partout; et dans les plus petites villes les services de la scène, de la salle et du contrôle pourraient servir de modèle à nos plus grands théâtres.

Quant à la Belgique, je serais tenté d'adresser à ses théâtres le même éloge qu'à son public ; c'est presque la perfection et tous les gens de métier s'accordent à reconnaître la propreté légendaire des théâtres belges, la salubrité et le confortable des loges d'artistes, les heureuses dispositions des salles et des foyers, et l'organisation sérieuse, intelligente et avisée qu'on retrouve dans tous les détails du service... J'ajouterai que la fameuse question des chapeaux y est depuis longtemps résolue, — par la suppression totale de ces édifices de plumes et de fleurs dont nous ne sommes pas encore délivrés.

Il va sans dire que, sur les scènes d'Allemagne, on observe cette discipline exacte qui fait la force principale des armées et des bonnes administrations.

Que, pour une fois, l'exemple des étrangers nous serve donc à quelque chose !

Imitons-les et tâchons de les surpasser...

Le véritable internationalisme ne consiste pas à s'extasier béatement (et bêtement) sur tout ce qui n'est pas de chez nous. Et rien ne saurait décider un Français raisonnable à admirer la sculpture ou la musique anglaise, l'industrie espagnole, la cuisine allemande, la philosophie moldovalaque, ou l'esthétique brésilienne.

Mais quand par hasard les étrangers font mieux que nous, il faut savoir le reconnaître. Assez souvent nous les admirons par ignorance de nos propres qualités.

Construisons donc de beaux théâtres puisque nos poètes, nos dramaturges, et même nos vaudevillistes, nous ont fourni le premier répertoire du monde, et que nos acteurs ne le jouent déjà pas si mal.

Affiche de Benjamin Rabier
Pour les Tournées CH. BARET.

CHAPITRE VIII

LES PARASITES DU THÉATRE

⪢ LE VERGER DES POIRES ⪡

A. GUYON
Impresario CH. BARET

(*Affiche de Barrère*)
Pour les Tournées
CH. BARET.

Les Français ont sur tous les autres peuples une supériorité, que nul ne peut leur contester, une supériorité légendaire, établie, indiscutable intangible : ils sont *les premiers contribuables du monde.* — Le peuple français ne se lasse jamais de payer : il supporte des impôts qui écraseraient tout autre pays ; il commandite les affaires les plus véreuses et les entreprises le plus follement improbables pourvu qu'elles aient été montées et organisées par des étrangers ; il entretient une armée de fonctionnaires qui finira par absorber la majorité de la nation : son bas de laine va à tous les pieds. Le Français réalise essentiellement et magnifiquement (ces deux adverbes joints font admirablement) le type du ponte sérieux, que les croupiers appellent : *Monsieur le Bon*, les apaches : *le Cavé*... et les gens du peuple : *la Poire!*... Poire éternellement tapée, le Français paie toujours, et partout, avec résignation, avec reconnaissance, avec enthousiasme, avec ivresse... pour rien, pour le plaisir !

⪢ LE RÊVE DU THÉATRE A L'ŒIL ⪡

Et pourtant, par une anomalie singulière, il est un plaisir qu'il n'aime que *gratuit!* Ce peuple, pour qui le théâtre est presque une raison de vivre, entend ne rien payer pour satisfaire ce besoin essentiel. — Le Rève du *Théâtre à l'œil* hante toutes les cervelles françaises, depuis le potache jusqu'au magistrat, depuis le trottin jusqu'à la grande courtisane. Le peuple romain criait : *Panem et circenses;* les Français, s'ils savaient encore le latin, crieraient : *Circenses*!... tout court! — Il y a quelques années déjà, des *altruistes* (on appelle ainsi les personnes qui croient avoir inventé la charité dans ces derniers temps...) des *altruistes* bien intentionnés ont essayé de fonder l'*Œuvre du pain gratuit :* leur initiative s'est brisée contre l'indifférence générale et peut-être ont-ils compris que le Français ne vit pas seulement de pain... Mais l'œuvre de l'*Apéritif gratuit* eût soulevé un enthousiasme général .. Et s'il se trouvait un ministre capable de rendre par décret le théâtre gratuit, sinon obligatoire, pour tous les Français, il deviendrait tout de suite un héros national et pourrait inaugurer sa propre statue sur toutes les places de la République, — ce qui est le secret désir de tous les politiciens.

Aller au Théâtre à l'œil!... voilà vraiment « le vœu national! » Jusqu'à présent il n'est encore comblé que par le billet de faveur...

Le Billet de faveur

La course au billet de faveur constitue pour beaucoup de Parisiens un véritable sport où ils emploient des ruses d'apaches, une patience inlassable et les ressources d'une imagination fertile en expédients ; il n'y a pas deux Parisiens sur vingt qui hésiteraient à dépenser une dizaine de francs en frais de voitures et de correspondance ou à perdre une journée entière en démarches et en visites pour économiser les huit francs d'un fauteuil d'orchestre ; et certains aimeraient mieux offrir un dîner aux auteurs et à tous leurs interprètes que de passer au bureau de location. Le fait de payer sa place leur paraît un ridicule et une tare et nul ne se croit « bien Parisien » s'il se trouve obligé d'avouer qu'il est entré au théâtre pour son argent.

Mon Dieu... à Paris où le public se renouvelle sans cesse, où il peut arriver qu'un succès atteigne la cinq centième ou la six centième, où les meilleures semaines ont leurs jours creux et les plus belles salles leurs vides, cette manie de gratuité reste, après tout, assez inoffensive. Les Directeurs s'en sont accommodés depuis longtemps et ne font rien pour la décourager : autant pour assurer la publicité *orale* que pour se ménager des influences ou reconnaître des services, ils donnent des entrées de faveur avec plaisir et de plein gré...

Cette vieille épargne française !

Mais, en province, où une tournée de passage ne joue qu'une fois (par nécessité — et par définition!), où le plus souvent ce n'est pas trop d'une salle comble pour couvrir les frais de cette soirée unique, les entrées de faveur sont généralement suspendues, — comme l'épée de Damoclès, — sur la tête du malheureux impresario!... Et ce qui devrait être pour lui *un droit*, lui est imposé comme un *devoir :* les places dont il serait juste qu'il eût la liberté de disposer au mieux de ses intérêts, il est forcé de les donner, et à qui? à n'importe qui et à tout le monde! Car *dans chaque ville* ou s'arrête la tournée, toutes les *personnalités* locales entendent et prétendent entrer au théâtre sans bourse délier. Et les pouvoirs publics — c'est-à-dire les municipalités — encouragent et exploitent cette tendance générale, et tâchent à maintenir un juste équilibre entre le népotisme et le favoritisme... qui sont les forces principales de la *médiocratie.*

... Sans doute, il y a bien, dans chaque ville, un *Représentant de la Société* dont les fonctions consistent en principe à surveiller les intérêts des auteurs, à contrôler les recettes et, subsidiairement, à réprimer les abus. Seulement, presque partout, le Représentant restreint son rôle à interdire la « cassette », (institution d'ailleurs inoffensive et sur laquelle je reviendrai tout au long). Jamais on n'a vu un *Représentant* s'occuper de limiter le nombre de places de faveur, non plus que de faire fermer les portes par où se faufilent, entre autres personnes dont la présence dans la salle ne paraît pas d'une gratuité nécessaire :

— Les amis, les familles et les amis des amis de tous les adjoints.

— Les principaux employés de la préfecture.

— Les femmes et les enfants des pompiers.

— Les camarades des machinistes.

— Les parents du concierge qui forment, en général, une tribu.

— Les neveux de l'électricien.

— Les enfants des ouvreuses et leurs petits-enfants, jusqu'à la cinquième génération.

— Les frères et sœurs, neveux et nièces des buffetiers.

— E.T.C.!

Il me serait facile de grossir cette liste, officieuse et incomplète, de tous les gens qui n'ont rien à faire au théâtre, sinon d'y payer leur place et de ne pas comprendre.

(*D'après l'affiche de Jossot*)
Pour les Tournées CH. BARET.

Dans beaucoup de théâtres provinciaux, les conseillers municipaux entrent gratuitement — *tous* — avec leur famille! Je me fais fort de prouver qu'en général, les entrées de faveur occupent au moins le *sixième*, si ce n'est le *cinquième* de la salle!

On y fait figurer, presque partout, en plus des médecins et des officiers de service (dont la présence peut se justifier) :

— Les ingénieurs de la ville.

— Le secrétaire en chef de la mairie.

— L'architecte départemental.

— Le receveur du Bureau de Bienfaisance.

— Les chefs et sous-chefs des bureaux de la mairie.

— Le conservateur du matériel.

— Le service des assurances.

— Le service de sûreté.

— Le bureau de bienfaisance.

— Les parents et amis des musiciens de l'orchestre.

— Les tapissiers accessoiristes, entourés du cercle de leurs relations.

Et je ne parle point, bien entendu, des places réservées à la Société (cinq ou six pour celle des auteurs dramatiques, trois pour celle des auteurs et compositeurs de musique)... non plus que des places réservées à la Presse locale.

Le Désordre règne

Toutes ces entrées volantes créent une confusion joyeuse et jettent le désordre dans le théâtre.

Ainsi, j'ai dû renoncer à faire passer mes tournées par Carpentras, parce que le contrôle y est pris d'assaut par les apaches locaux (il y en a partout, hélas!... à l'instar de Paris!...) dont le but est de créer une bousculade à la faveur de laquelle ils peuvent travailler et qui permet à une foule de spectateurs de se faufiler jusque dans la salle. La dernière fois, qui fut bien la dernière, j'ai dû prier le commissaire de police de faire évacuer la salle pour recommencer le contrôle!... Il s'y prêta de fort mauvaise grâce, attendu que cette mesure de rigueur le mettait dans l'obligation de molester nombre de ses amis...

Et je ne nommerai pas la petite ville du centre où une ouvreuse, à qui je faisais remarquer qu'elle avait placé plus de spectateurs qu'elle n'avait reçu de coupons, me répondit d'un ton lassé, mais sans réplique :

— Oui! oui! je sais bien... mais qu'est-ce que vous voulez? Il n'y a rien à faire... C'est les puissants de la ville qui prennent des cartes de parterre et qui se collent aux premières, *d'achar et d'autor.*

... Elle aurait pu dire : d'Achard... et de Baret!

Mais représentez-vous la tête du brave homme qui a payé sa place et qui tombe sur un double emploi, — et un *double emploi* qui s'accroche et fait valoir ses titres (car ils en ont toujours!). Il faut s'expliquer, parlementer et finalement rembourser : et cela fait deux mécontents, dont le plus acariâtre est celui qui reste *gratis* !

Il n'empêche que dans certaines villes, l'agent réclame des droits sur les places des journalistes et sur celles de l'officier de pompiers, du secrétaire de la mairie, du préfet, de l'architecte, du commissaire de police, etc..., c'est-à-dire que l'imprésario paie le plaisir d'offrir à ces Messieurs des entrées de faveur! Je retiens tout particulièrement le théâtre de Saumur où, quand on entre dans la salle, avant le public, on trouve déjà une trentaine de personnes installées et qui n'ont rien à voir avec le service du théâtre... Là, les buffetiers se sont pour ainsi dire multipliés : il y en a un qui porte la carafe, un second qui porte les verres, un troisième qui porte la serviette.

Et partout se case *la Commission théâtrale*, composée le plus souvent d'une douzaine d'électeurs influents, mais blackboulés, qui s'entendent aux choses du théâtre comme à celles de la politique, — ni plus, ni moins !

M. le Chef de Cabinet

... Mais parmi les innombrables fonctionnaires pour qui le théâtre gratuit et obligatoire est une institution nationale, il y en a un surtout que je ne retrouve jamais sans un secret plaisir et auquel il sied de rendre un hommage particulier pour son inlassable obstination et pour la fantaisie toujours renouvelée de ses stratagème... Ce modèle de l'insistance publique et laïque, c'est le chef de cabinet du Préfet ! Celui-là doit avoir fait ses études à cette *École des Ministres* que Pierre Veber a fondée. Il a banni tout scrupule et tous les moyens lui sont bons !

Il connaît les contrôleurs de toutes les tournées et sait par cœur ceux qui sont *coulants*, et ceux qui s'en laissent facilement imposer. Avec les premiers, le sourire lui suffit; devant les autres il passe fièrement, le gardénia à la boutonnière, le chapeau en arrière, en lançant d'une voix de stentor :

— Cabinet du Préfet !

Si la tournée connaît la ficelle, il retourne sa veste et procède par intimidation : quelques heures avant le spectacle, le directeur reçoit à son hôtel la visite d'un sergent de ville en uniforme, discret mais ferme, et qui lui remet un mot du commissaire de police ainsi libellé :

— *Prière de remettre deux places au porteur pour le service de la Préfecture.*

Car le chef de cabinet a toujours une petite amie pour qui le théâtre à l'œil remplace les épingles et les gants.

Mais il peut arriver que le directeur, averti, ne se laisse pas impressionner... Il reçoit alors une lettre du commissaire de police, où le style administratif se panache de quelque courtoisie :

Cher monsieur,

Vous m'obligeriez personnellement en remettant deux places au porteur pour le service de la Préfecture.

Suivent des formules de salutation qui concilient le Protocole avec l'amabilité !

Et si le Directeur oppose à tant d'avances un front d'airain et un cœur entouré d'un triple nickel, le chef de cabinet a recours à l'astuce : il emploie des ruses d'apache et même de potache ! Et sur le coup de neuf heures moins un quart, au lever du rideau, on voit une ombre se profiler sur la toile de fond : c'est M. le chef de cabinet du Préfet qui gagne à pas furtifs la porte de communication. Il se faufile et le tour est joué... Une fois passé, il reprend toute son assurance devant le petit personnel et recommence près des ouvreuses

Le « Culte des Loges »

Je m'en voudrais d'insinuer bassement que la Franc-Maçonnerie a développé le culte des Loges et que le socialisme ne paraît point vouloir se contenter de quarante fauteuils, mais il faut bien constater que l'entrée de faveur sévit surtout dans les villes où les municipalités font profession de *Fois avancées* : c'est là que les conseillers apparaissent entourés de toute leur petite famille et qu'on peut voir la loge municipale bondée de gamins

Affiche de René BERTRAND
pour les Tournées "Ch. BARET"

et de fillettes, alors même qu'il s'agit d'un spectacle léger. L'on pense alors au sommeil du berceau, prière de l'enfance! L'on est presque tenté d'envoyer coucher ces jeunes couches profondes de la Démocratie et l'on ne peut pas s'empêcher de songer qu'à raison de cinq personnes seulement par famille municipale, tout ce petit monde occupe une centaine de fauteuils.

Il m'est arrivé parfois d'envier l'inconscient aplomb de cet administrateur du Casino de Royan, à qui, voilà quelques dix ans, un baigneur fit passer sa carte. L'administrateur chaussa son binocle et lut dédaigneux :

Emile Zola

puis se retournant vers son confrère :

— Est-ce que vous connaissez ça, vous, Emile Zola?

L'autre, plus au courant d'une certaine littérature, répondit :

— Mais oui! je connais, il fait des livres...

Sur quoi l'administrateur rendit la carte en grommelant :

— S'il fallait donner des places à tous les imprimeurs, on n'en finirait plus!

Une Citation intéressante

Et maintenant, un peu *d'extrait*, pour parfumer la discussion. Je veux dire par là que je ne saurais mieux conclure que par une citation opportune d'un spirituel article de M. Paul Carrère, paru dans la *Dépêche de Toulouse* :

« Les directeurs sont soumis à des exigences draconiennes dont il conviendrait de les délivrer. Ils sont accablés de frais de toutes sortes, et qui pèsent d'autant plus lourdement sur leurs entreprises que les subventions municipales deviennent plus précaires sous l'influence du malaise général.

« En outre, dans certaines villes, il y a un véritable abus d'entrées de faveur. Ce n'est plus le maire qui a droit à une loge : ce sont tous ses conseillers municipaux qui prétendent à l'entrée gratuite du théâtre, ce sont tous les amis des conseillers municipaux.

« ... Un directeur, que je sais, avait mis un terme aux abus de ce genre. Mais tout le monde n'a pas son esprit... Les soirs de représentation, il se serait bien gardé de refuser l'entrée du théâtre aux conseillers municipaux ! Seulement, quand l'un de ceux-ci passait au contrôle et, avec un sourire protecteur déclinait le prestige de son titre, mon directeur s'inclinait respectueusement ! puis, d'une voix de stentor, répétait :

« — Conseiller municipal !

« Je crois même, qu'étant musicien, il donnait à la première syllabe la valeur d'une *blanche*...

« ... Et le public, naturellement, de fixer ses regards intrigués sur le personnage annoncé !

« Avec une discrétion non moins retentissante, le surveillant des premières galeries hurlait, pour le contrôleur des couloirs la même annonce... que l'ouvreuse reprenait en soprano.

« De sorte que tout le théâtre assistait à l'entrée gratuite du pauvre conseiller, lequel se fût passé de cet excès d'honneur... »

CHAPITRE IX

LE CONTROLE ET LES RECETTES

Un Fonctionnaire amateur

Parmi les quelques idées générales que le XIXe siècle a vulgarisées et que la science moderne a érigées en dogmes, il y a sans doute beaucoup de vérités provisoires et pas mal d'inepties. (*L'art n'a pas de Patrie. — Sans phosphore point de pensée! — La nature n'a plus de mystères! — Les coupables sont des malades. — Le vice et la vertu sont des produits comme le sucre et le vitriol, etc...*) ...mais il reste du moins un axiome qui jusqu'ici n'a pas encore été contredit par les faits : *La fonction crée l'organe!*

Nous en voyons chaque jour la preuve dans ce pays où tout le monde tend à devenir fonctionnaire. On y crée des sièges : on y invente des sinécures, — et il se trouve toujours, comme par enchantement, des gens pour occuper les sièges, et d'autres pour profiter des sinécures. Le plus bel exemple de ce genre de créations est le Ministère du Travail qui a naguère assuré à des politiciens sans profession un repos bien gagné... Le jour prochain où le nombre des fonctionnaires sera exactement égal au nombre des contribuables sinon des électeurs, le secret désir de tous les citoyens sera comblé, l'idéal du régime sera enfin réalisé, — et il n'y aura plus à travailler que ceux que cela amuse.

L'agent de la Société des Auteurs, c'est le type du fonctionnaire amateur!

Or, tous les gens qui savent leur métier et qui l'aiment, n'ignorent pas qu'il n'y a rien de plus dangereux, dans toutes les professions, que l'*amateur :* c'est proprement l'*ignorant ami* dont parle La Fontaine.

Il ne fait pas cela pour gagner sa vie : il *cumule!*

Il est fonctionnaire amateur... *en fonction* d'autre chose, comme disent les mathématiciens dans leur langage mystérieux.

Dans telle ville, c'est un commissionnaire en marchandises. Dans telle autre, c'est un brave épicier que son épouse tourmente pour se faire conduire au théâtre... et qui a découvert, par ses relations, ce moyen détourné de concilier l'économie avec les goûts dispendieux de sa légitime. A X... il est entrepreneur de vidanges...

De récentes polémiques nous ont appris comment les agents de la Société exerçaient leurs fonctions et les auteurs et compositeurs dramatiques ont pu voir de quelle singulière façon ils étaient représentés.

Ces pauvres agents n'y mettent le plus souvent aucune malice : ils ne savent pas, voilà tout! Ils ont un pied dans tous les plats! Ils ignorent l'A.B.C. de leur métier; ils *incompètent* avec bonhomie... ils ne sont pas là *pour ça!* Chacun d'eux est vraiment l'homme qu'il ne faut pas, à la place où il ne devrait pas être...

Types d'agents

Les moins gênants sont encore ceux qui n'y comprennent rien, mais qui, se rendant vaguement compte des difficultés de leur tâche, préfèrent ne pas se mêler de ce qui ne les regarde pas...

Quelquefois, — assez rarement, — l'agent est doublé d'un homme du monde. Il profite, sans fracas, de sa petite sinécure pour venir en habit assister à la représentation, avec toute sa petite famille qui se met, ce soir-là, sur son trente et un! Il se montre très bon public, applaudit à propos, sourit aux bons endroits.. et ne se préoccupe pas de la recette.

Dans d'autres circonstances, c'est un vieux célibataire maniaque et qui déteste le théâtre, par l'excellente raison qu'il se couche tous les soirs à neuf heures depuis trente ou quarante ans. Celui-là se contente d'envoyer sa bonne avec un reçu tout préparé où le *minimum* est inscrit d'avance... Il arrive alors qu'on soit obligé de se fâcher, de parlementer et de se gendarmer pour lui faire comprendre qu'on est tenu, par traité, à verser un tant pour cent sur la recette brute.

Ailleurs, l'agent se pose en connaisseur : il veut prouver qu'il a vécu à Paris lui aussi, qu'il ne s'épate pas facilement et qu'il a vu « mieux que ça ». Il fait étalage de son érudition théâtrale, évoque la gloire de Bressant, de Gil Pérès, de Grenier, et remonte parfois jusqu'à Talma et Rachel. Ses souvenirs de répertoire lui permettent de juger sévèrement le théâtre contemporain : il trouve que M. Scribe écrivait mieux que Donnay ou Lavedan. Et, entouré d'un cercle attentif et respectueux, il se promène dans les couloirs en débinant la pièce, l'auteur et les comédiens.

Il y a aussi l'agent bon garçon, épanoui et jovial et qui se donne un mal du diable pour insinuer à voix basse, avec des clignements d'yeux mystérieux et complices :

— Oh moi ! vous savez je ne suis pas exigeant... et pourvu que vous laissiez entrer ma bonne !...

Il arrive enfin que l'agent de la Société, soit par horreur naturelle du théâtre, soit parce qu'il a autre chose à faire, délègue ses pouvoirs, soit au buraliste, soit au conservateur.

Les auteurs ne doivent donc pas s'étonner outre mesure de certains... mécomptes (c'est le terme exact !) comme ceux que Pierre Decourcelle a signalés ces temps derniers.

... Je me rappelle qu'à propos d'un spectacle sur la recette duquel il s'agissait de prélever 7,70 0/0, je fus forcé, par l'absolue incompétence de l'agent, de m'adresser directement à la Société. Et l'employé de M. Pellerin me fit cette réponse vraiment typique et qui résume tristement mais nettement la situation :

— Nos représentants ne sont pas capables de faire des opérations de ce genre.

Et dans un accès de franchise un agent me disait dernièrement :

— Si je devais être obligé de m'occuper des comptes et de contrôler la recette, j'enverrais ma démission par courrier... Moi, vous comprenez, j'ai accepté ces fonctions-là pour aller au théâtre *à l'œil*. Mais si ça doit devenir une corvée !

Ainsi, ou l'agent est un homme du monde qui ne peut pas s'abaisser jusqu'à s'occuper de la perception ; ou bien, c'est... tout le contraire et alors, il est carrément incapable de remplir ses fonctions.

Tous ces braves gens s'en tirent comme ils peuvent en appliquant le minimum à tour de bras !... Et cette application même du minimum est l'aveu de leur incapacité à contrôler les recettes et à réprimer les fraudes possibles.

L'Agent garde-chiourme

Mais leur inertie et leur incompétence valent encore mieux que le zèle intempestif et maladroit de l'agent « qui fait du service ! »... Celui-là, qui a le secret de se mettre tout le monde à dos, représente les auteurs à peu près comme un garde-chiourme représente la loi. Il ignore d'ailleurs son métier tout autant que les autres agents ; seulement il a la manie de la perception, qui lui paraît tenir lieu de tout le reste. Il perçoit à tort et à travers, il prélève des droits sur les billets de faveur, sur les entrées de la Presse, sur la prime de location qui sert à payer les émoluments du conservateur du théâtre. (Et n'oubliez pas qu'en province ce titre majestueux sert à désigner tout simplement le concierge !)

L'agent garde-chiourme traite naturellement le malheureux impresario de haut en bas... et de Turc à Maure ! Il n'a pas assez de mépris pour cet intrus, ce « ci-devant », ce suspect qu'il juge capable de toutes les noirceurs et de toutes les supercheries ; les auteurs, qui sont le plus souvent les amis des directeurs et des impresarii ne verraient pas sans quelque dégoût les singuliers procédés qu'autorise la Société chargée de les représenter... Ils ont eu déjà, ces temps derniers, quelques surprises : l'avenir leur en ménage bien d'autres !

Et pourtant... au lieu de trouver dans l'agent de la Société un ennemi qui vient vous demander d'un air narquois et insolent si vous déclarez bien la recette exacte et qui, devant une maigre salle, vous dit d'un ton menaçant : « *J'vas vous appliquer le minimum* »... ne vaudrait-il pas mieux avoir affaire à un homme intelligent qui défendrait les intérêts de l'impresario comme il devrait défendre ceux des auteurs? Car toute sa muflerie ne réussit qu'à desservir la Société, — et le contrôle n'en est pas mieux fait, pour être exercé d'une façon hargneuse et vexatoire.

L'agent garde-chiourme ne travaille pas mieux que les autres... Et, par exemple, il se croit très malin parce qu'il signe régulièrement les cahiers à souche du théâtre ; mais s'est-il assuré que ces cahiers à souche sont bien ceux dont on se sert pour détacher les coupons vendus le soir au public ?

Du reste, comme l'agent garde-chiourme traite les impresarii en ennemis, ceux-ci se font un vrai plaisir de lui jouer quelques petits tours de leur façon... Or, il y en a beaucoup... mais le garde-chiourme n'a pas à compter sur moi pour les lui dévoiler...

>> Le Contrôle <<

... Il est aisé de comprendre que dans de telles conditions et avec un tel personnel le contrôle soit fait en dépit du bon sens. Dans l'état actuel des choses, je le considère comme *impossible*. Plus que tout autre, un impresario de tournées aurait un intérêt capital à se défendre contre les fraudes possibles ; mais la parfaite impéritie des agents de la Société ne lui laisse que la ressource d'agir par lui-même. Et comment le pourrait-il? Il lui manque pour cela l'élément essentiel sans lequel on ne peut rien faire : le Temps !

Sans doute, un directeur sédentaire peut, au cours d'une saison de cinq à six mois, reconnaître la place et prendre les mesures nécessaires pour découvrir les fraudes et les réprimer. Mais de quels moyens de défense peut disposer une tournée qui change de ville chaque jour, et qui arrive à quatre heures pour jouer le soir ? Elle a déjà assez à faire de se garantir contre tous ceux qui cherchent à exploiter son passage, depuis les garçons du théâtre qui l'attendent à la gare jusqu'au concierge qui éteint le dernier lampion !

Les intérêts des auteurs ne sont pas mieux défendus.

Partout, pour dissimuler leur insuffisance, les agents de la Société se contentent d'interdire avec acharnement « la Cassette »... C'est à peu près comme si, dans un immense incendie, quelqu'un s'avisait de lancer un pot à eau sur le brasier!

As-tu vu la Cassette, la Cassette *(Air connu)*

Car cette fameuse *Cassette*, dont on a fait un monstre aux auteurs pour leur cacher d'autres fraudes bien plus graves, cette mystérieuse *Cassette* aussi célèbre dans le monde du théâtre que la cassette d'Harpagon, ce n'est, après tout, qu'une de ces exceptions qui confirment les règles, un de ces « passe-droit » qui rendent possible l'application des lois, ou si vous préférez : un mal nécessaire!

Mais vous ne savez sans doute pas en quoi consiste *la Cassette*. Votre ignorance est bien excusable! il y a tant de gens, dans le monde des Théâtres, qui ne le savent pas plus que vous.

Eh bien! la Cassette, c'est tout simplement le produit des entrées tardives versées au contrôle, autrement dit la petite somme d'argent, payée tous les soirs au contrôle même, qui provient des arrivants de la dernière heure ou des habitués qui ne veulent pas s'attarder aux guichets du dehors.

Or cette cassette qui est le cauchemar des agents de la Société, il est radicalement impossible de ne pas la faire dans certaines villes. Et, par exemple, je demanderai à tous les représentants de la Société des Auteurs ce qu'ils auraient fait à ma place, quand le sous-préfet de Valenciennes déposait en passant au contrôle dix francs pour payer son fauteuil et celui de sa femme... Fallait-il donc l'inviter à rebrousser chemin et à aller faire queue aux bureaux extérieurs pour prendre ses coupons?... Il me paraît très probable que cet aimable fonctionnaire aurait pris, la fois suivante, le parti d'entrer gratuitement au théâtre, comme il en avait d'ailleurs le droit!

A Sedan, toutes les traditions locales, — et la simple politesse, — s'opposent à ce qu'on envoie les officiers de cavalerie qui ne peuvent arriver qu'au lever du rideau chercher leurs coupons aux bureaux extérieurs du théâtre.

Au Mans, à Reims, à Amiens, à Saint-Quentin, à Montpellier, presque partout en un mot, « on fait de la Cassette » peu ou beaucoup selon les cas, mais enfin l'on en fait, et on ne peut pas faire autrement.

Or les traités de la Société des Auteurs interdisent formellement la Cassette. Pour être en règle avec eux, le directeur ou l'impresario se trouve donc obligé de la faire disparaître ou, comme disent les joueurs : de *l'étouffer*! car s'il la fait figurer sur ses comptes, il est passible d'une amende.

D'ailleurs les fraudes dont on a si souvent parlé à la Société ne proviennent pas surtout de la Cassette : il y a bien d'autres manœuvres beaucoup plus illicites... et « le travail » se fait plus discrètement et plus habilement... Entre mille exemples, en voici un que je livre aux réflexions des auteurs :

La Société a mis en route un inspecteur qui tombe à l'improviste, comme c'est son devoir et fait le contrôle en comptant les spectateurs : il découvre avec une joie sournoise que, sur cent vingt places que le bordereau porte comme *vendues*... il y en a cent soixante-quinze occupées!! Cette proportion le plonge dans un légitime effarement : quels peuvent être ces cinquante-cinq occupants... Mais alors on n'a aucune peine à lui prouver que les cinquante-cinq places litigieuses sont occupées par des journalistes, des agents d'assurance, des artistes de passage. Et l'inspecteur, en fin de compte, se trouve obligé d'approuver, de s'incliner et de sourire!

Je ne saurais donc trop le répéter, dans l'intérêt commun des auteurs, des directeurs et des impresarii :

— Tout contrôle sérieux est impossible et chimérique *dans l'état actuel des choses.*

Le Remède

Mais cet état peut se modifier et s'améliorer. Et comme je ne veux pas tomber dans le travers des gens qui dénoncent un mal sans en indiquer le remède, je proposerai brièvement quelques-unes des réformes que m'ont suggérées l'expérience et le souci de faire mon métier en conscience, au profit des auteurs et au mien.

Et d'abord, la Société des Auteurs ne devrait pas permettre, et cela dans son propre intérêt, que les contrôleurs puissent faire tenir le guichet par des membres de leur famille. On comprend, sans que j'y insiste, que dans de pareilles conditions le susdit guichet ne saurait être un guichet... sérieux!

Il y a des villes que je pourrais citer... (et je ne m'en ferai pas faute, le cas échéant) où le contrôleur du théâtre a placé son frère au bureau, sa sœur à la location, son père aux contre-marques et sa femme comme ouvreuse!

Il arrive assez souvent, d'ailleurs, — et trop souvent, — que les ouvreuses soient unies aux préposés à la location par les liens d'une parenté sans doute respectable... mais qui n'en constitue pas moins une complicité possible.

Dans une ville du Nord, où deux portes du théâtre ont été ouvertes spécialement pour permettre aux autorités (conseillers municipaux et autres...) de faire entrer leur famille, leurs amis et même leurs connaissances, le contrôleur est chargé de la location ; le premier bureau est tenu par son fils, le deuxième par sa femme... et c'est lui-même qui « fait la cassette ».

Allez donc, ô Société! et vous impresarii, vous y retrouver là-dedans.

En bien d'autres cas, le contrôleur *cumule*... ce qui n'est pas non plus sans danger et je sais une ville de l'Ouest où l'un des gros fonctionnaires de la mairie... celui même auquel il faut s'adresser pour avoir le théâtre, est à la fois contrôleur, représentant de la Société et du Bureau de Bienfaisance !

Il y a longtemps que je me suis étonné de toutes ces anomalies (pour ne pas dire plus!) et que j'ai indiqué à Robert de Flers, qui ne doit pas l'avoir oublié, un moyen simple et pratique d'y remédier...

Le seul Contrôle possible

Donc, à mon avis, qui peut n'être pas négligeable en la matière, *le seul contrôle possible et régulier* consisterait à employer, dans tous les théâtres, des cahiers à souches, semblables pour toutes les villes, — et dont toutes les souches seraient pointées par l'agent de la Société dans chaque ville.

L'inspecteur aurait alors sa raison d'être et sa fonction définie, qui serait de s'assurer par sa présence, en arrivant à l'ouverture des bureaux et en passant sa soirée au contrôle, que tous les spectateurs sont bien porteurs d'une souche pointée avec le cachet du représentant local.

Tous les cahiers à souches devraient être expédiés par le siège central de la Société et adressés directement dans chaque ville aux agents, qui tiendraient une comptabilité spéciale pour les cahiers qu'ils céderaient à prix coûtant aux directeurs ou aux impresarii.

Je ne me dissimule point que cette mesure si simple a peu de chances d'être appliquée ! car elle exige pour entrer dans la pratique une condition *sine qua non*, c'est que la Société se fasse représenter par des agents sérieux, décidés à s'occuper de ses intérêts, — et non plus par des *amateurs*, mais par des *professionnels*.

J'ai souvent dit aux auteurs, qui m'ont toujours approuvé, que pour réaliser une notable amélioration, voire même pour atteindre la perfection (car je prétends qu'elle est possible... *la perfection de la perception!*) il ne servirait de rien d'organiser un système de mouchardage... mais il serait bien plutôt nécessaire de tout réorganiser.

Car tout est à refaire, sinon à faire !

Et le principe de toute réforme serait de choisir dans chaque ville des agents indépendants, bons comptables, polis, bien élevés et pouvant consacrer chaque jour assez de temps à la location et à l'organisation du contrôle.

Il faudrait que ces agents connussent exactement la situation dans chaque ville.

Il faudrait qu'ils fussent investis de l'autorité nécessaire pour faire révoquer un contrôleur qu'on sait pertinemment indélicat, pour organiser un bureau de suppléments avec un employé spécial chargé de convertir en coupons les espèces versées à la cassette.

Il faudrait qu'on pût compter sur leur impartialité en toute circonstance, — et, par exemple, qu'ils fussent les premiers à signaler le mauvais service d'une ouvreuse qui accepterait un pourboire pour placer aux fauteuils un billet de parterre.

Il faudrait... il faudrait enfin que l'agent de la Société fût le défenseur attitré des intérêts des impresarii et des directeurs en même temps que des intérêts de l'auteur.

Mais tout cela exige une expérience, un doigté, un ensemble de connaissances qui ne sont point à la portée des premiers venus et, comme dit quelque part Alfred de Musset : c'est une grande infirmité de la nature humaine qu'on ne puisse exercer aucun métier sans l'avoir d'abord appris !... Et l'on n'apprend un métier que lorsqu'on doit en vivre.

La conclusion naturelle de tout cela, c'est donc que l'emploi, très délicat et difficile à remplir, d'agent de la Société, devrait être *rétribué*. Chacun y trouverait son compte : les impresarii, les directeurs, les auteurs... et les agents eux-mêmes.

Mais une réforme simple et qui contenterait tout le monde, qui serait assez audacieux pour l'appliquer?

Aussi, je crains bien que tout ce que je viens de dire ne reste lettre morte, et que la question du contrôle ne soit pas résolue avant la question sociale, qui n'a jamais pu être posée !

CHAPITRE X

LES AUTEURS

La Question du " Privilège " et du " Minimum "

Une Industrie lucrative

Affiche de Mich pour les Tournées Ch. Baret.

Le théâtre est une industrie nationale comme l'automobile! Mais tandis que l'automobile fait vivre beaucoup de monde, le théâtre qui intéresse tout le pays, qui s'adresse à tous les publics, qui emploie des foules d'artistes, d'artisans et d'ouvriers, ne rapporte de profits réels et vraiment considérables qu'à une infime minorité de personnes : ce sont les auteurs que je veux dire!

Ils ont d'abord un incontestable avantage sur tous les Français qui se mêlent d'écrire (et Dieu seul peut savoir combien il y en a, — trente-neuf millions, je pense) : ils n'ont pas besoin d'avoir un style! Cela ne veut point dire que les plus grands de nos auteurs dramatiques ne soient pas en même temps de parfaits artistes; et il est bien certain que Donnay, Capus, Lavedan, Tristan Bernard, Porto-Riche, Bataille, de Flers et Caillavet, écrivent chacun une langue personnelle, correcte et littéraire; mais ce sont de glorieuses exceptions. Le plus souvent il suffit au théâtre d'une idée amusante ou d'une intrigue bien conduite.

Sans doute il y faut un métier spécial, comme en tout, et qui ne s'apprend pas tout seul. Ce métier-là, tout le monde croit le savoir! On se rend vaguement compte qu'il est assez difficile d'écrire la *Légende des siècles*, *la Cousine Bette*, *Madame Bovary*, ou *Les origines de la France contemporaine*. Mais il n'y a pas un seul électeur patenté, un seul contribuable français qui ne porte en son cœur une idée de vaudeville ou un sujet de pièce. Or, en dehors de ceux qui ne sont jamais joués mais qui ne perdent jamais l'espoir de l'être un jour, on peut affirmer qu'il y a en France plus de dix mille citoyens qui *travaillent pour le Théâtre et qui en vivent!*

Cela seul est tout à fait prodigieux...

Alors que la littérature ne nourrit plus son homme, — à cause du nombre immense d'illettrés qui se sont mis à écrire, — les auteurs dramatiques ne souffrent presque pas de la concurrence et leurs efforts ne sont jamais perdus.

Cela tient à plusieurs causes que je voudrais essayer de démêler. D'abord, on n'a plus le temps de *lire*, la vie est trop courte, les autos trop rapides, le métro trop plein et les affaires trop absorbantes.

Mais on a toujours le temps d'aller au spectacle. Les théâtres s'ouvrent à un moment de la journée où les bureaux, les comptoirs et les magasins sont fermés. Et que ferait-on de neuf heures à minuit? L'amour??... C'est dangereux après dîner et l'on ne peut tout de même pas aller tous les soirs au café. Il faut bien de temps en temps *sortir* sa femme et ses enfants. Le théâtre est en France un des rares endroits où les membres d'une même famille puissent se supporter et vivre en parfait accord, parce qu'on n'est pas forcé d'y causer... au contraire!

Le théâtre a donc sur le livre cette immense supériorité qu'il reste une distraction, un dérivatif, un plaisir, et qu'il aide à la digestion, tandis que le livre pousse à la congestion. La lecture exige un effort, un travail d'attention soutenue que le théâtre ne réclame pas; et ceux-là seuls *lisent* encore aujourd'hui qui tiennent à cultiver leur intelligence... quant aux autres, ils préfèrent écrire, cela leur évite de se lire entre eux.

Ensuite, les auteurs dramatiques bénéficient d'une publicité gratuite que les écrivains, romanciers ou poètes, ne pourraient s'assurer que contre argent comptant; et ils ne feraient pas leurs frais.

Aujourd'hui que la critique littéraire a disparu de presque tous les journaux, un éditeur en est réduit à dépenser dix mille francs pour lancer un volume, — et si le livre n'a pas un intérêt de scandale ou de simple pornographie, l'éditeur en est souvent pour son argent.

Aussi les romans s'entassent-ils par piles à la devanture des librairies, sans que le passant se dérange de son chemin pour les feuilleter, — encore moins pour les acheter !

Au contraire, la première représentation d'une pièce est toujours un événement « bien parisien »... c'est-à-dire un événement qui peut devenir universel si la pièce remporte un succès. — Quel que soit le théâtre où un auteur a la chance de se faire jouer, tout Paris s'occupe de lui, de sa pièce, de ses interprètes, de sa vie privée, de ses opinions politiques et de ses aventures conjugales. On le photographie, on le consulte, on l'interviewe. Inconnu hier, il devient une personnalité bien parisienne avant même que son œuvre n'ait vu le feu de la rampe. Toute la presse publie le compte rendu de sa pièce ; des critiques éminents s'efforcent de lui découvrir du talent. Il arrive même qu'ils lui en trouvent... Il arrive même qu'il en ait !

Mais cela n'est pas indispensable. Tout le monde sait qu'un roman *à succès* contribue beaucoup moins à la renommée d'un écrivain qu'un *four* retentissant au théâtre. Et nous connaissons tous des auteurs devenus célèbres, parce que leurs pièces n'ont jamais pu dépasser la répétition générale !

Si l'on ne considère les choses que sous le rapport... du rapport, c'est-à-dire au point de vue *financier*, l'auteur dramatique est incomparablement mieux armé et mieux défendu que les autres écrivains. Les questions de boutique lui sont épargnées. Une Société puissante s'occupe de ses intérêts, — et de son capital. Le contrôle s'exerce en dehors de lui. Il n'a qu'à passer à la caisse.

Un chef-d'œuvre rapporte en librairie quelques billets de mille francs, s'il est soutenu par un éditeur habile et consciencieux. Au théâtre, un chef-d'œuvre vaut une fortune. Il arrive même souvent que le chef-d'œuvre *imprimé* reste inconnu, sauf de quelques rares initiés, — et qu'il ne fasse pas un sou, — alors qu'il suffit d'inventer quelque bon quiproquo ou de mettre en scène des hommes en caleçon et des femmes en chemise pour toucher des droits considérables et voir son nom partout, sur toutes les affiches, dans tous les journaux, — parfois même dans l'*Officiel* !

L'auteur dramatique exerce donc une profession agréable, lucrative et même libérale ! Il gagne cent ou mille fois plus d'argent que ses confrères de la Presse ou du Livre, — mais il occupe encore et surtout une situation privilégiée par rapport aux autres métiers qui vivent du théâtre. Là, dans *sa partie*, il est le roi incontesté.

Les employés se contentent le plus souvent d'un modeste salaire.

Les artistes, à part quelques étoiles, gagnent des appointements... tout juste honorables si l'on considère les charges qui leur incombent et les frais que leur coûte leur tenue, l'obligation de *paraître*, d'avoir un logement convenable et comme disent les Chinois : de *sauver la face*.

Quant aux directeurs et aux impresarii, ils font le plus souvent de mauvaises affaires.

Seul, « quoi qu'il arrive ou qu'il advienne ! » l'auteur qui ne risque rien... qu'un insuccès sans lendemain, touche six, huit, dix ou même douze pour cent sur la recette brute !

Ainsi l'auteur d'un four peut acquérir l'estime et le respect de ses concitoyens ou tout au moins se faire connaître. C'est le monsieur qui a une revanche à prendre !... En cela il est bien Français et les directeurs ont l'œil sur lui !

L'auteur d'un demi-succès est un homme à l'aise : il a de quoi vivre et continuer. Tous les espoirs lui sont permis.

L'auteur de plusieurs demi-succès est un homme riche... et c'est déjà quelqu'un. Il a déjà son bâton de Maréchal dans sa giberne.

L'auteur d'un grand succès est un boyard qui a le temps de se reposer. Il peut consacrer ses loisirs à préparer en paix une autre pièce qui bénéficiera du triomphe de la précédente. Le plus bel avenir lui est assuré.

Et maintenant, pourriez-vous me dire combien on peut compter d'impresarii qui aient fait fortune?...

— Moi non plus!

Mais la Société des Auteurs serait bien aimable de nous le dire... L'auteur d'une pièce à succès peut facilement gagner dans la première année, de deux cent cinquante à trois cent mille francs. — Un directeur de province heureux gagne de 10 à 25.000 francs durant sa saison... et l'on cite comme un fait unique et sans précédent que l'impresario de la pièce la plus productive de ce dernier demi-siècle y ait trouvé un gain de 200.000 francs... Quant aux autres!

Si je me permets de faire ce rapprochement entre l'auteur et l'impresario, c'est que plusieurs de mes amis, auteurs eux-mêmes, comme Brieux, m'ont souvent déclaré avec la plus parfaite loyauté qu'à leur avis les gains devraient être également partagés entre l'impresario et l'auteur.

En attendant cette époque fortunée, nous sommes encore loin de compte...

Mais il est du moins deux mesures nécessaires que la Société se devrait, — et nous devrait, — de prendre, pour permettre aux impresarii, sinon de faire fortune, au moins de gagner honnêtement et tranquillement leur vie.

Il faudrait d'abord assurer à l'impresario l'exclusivité de son privilège, — puis l'exempter de la féroce application du minimum.

Triste privilège!

... Car le soi-disant privilège des impresarii, c'est-à-dire leur droit d'être seuls à pouvoir jouer la pièce qu'ils ont achetée, peut passer pour une des plus douloureuses fumisteries qu'on ait jamais faites à de pauvres gens sans défense!

Voici comment il en arrive dans la pratique...

Au lendemain d'une première à Paris, les impresarii font des offres pour acquérir le privilège *exclusif* des représentations de la pièce, soit pour la France et les pays de langue française, soit même pour toute l'Europe.

Ce dernier cas se présente rarement; car les auteurs préfèrent avec raison traiter, pour les pays de langue allemande par exemple, avec un impresario de Cologne ou de Berlin, — lequel se charge de la traduction et du placement de l'œuvre. Ne parlons donc que du premier cas.

Un impresario vient donc d'acquérir pour dix mille, quinze mille ou vingt mille francs le droit de représenter tel ouvrage en France, en Suisse et en Belgique... (Le mot *acquérir*, bien que d'usage courant, est pourtant impropre, car en réalité l'impresario se contente d'assurer à l'auteur un minimum de droits de dix mille, quinze mille ou vingt mille francs, et son engagement consiste seulement à parfaire la somme de ces droits pour le cas où elle ne serait pas atteinte.)

Pour confirmer les accords, la Société échange avec l'impresario un contrat par lequel elle lui garantit l'exclusivité des représentations, ce qui n'est que juste et naturel.

Or, le plus souvent, quelques semaines après la signature du contrat, la pièce est éditée et ainsi mise à la portée de tous, soit par un journal illustré ou un magazine, soit par un libraire. Et, comme d'autre part, le traité consenti par la Société aux directeurs *sédentaires* les autorise à user de tout son répertoire... il arrive qu'en somme le privilège de l'impresario n'a plus d'effet et ne signifie rien. — A telle enseigne que si la pièce qu'il vient d'acquérir est montée par un directeur de province, la Société décline toute responsabilité... Elle vous prévient gentiment que Monsieur X..., directeur du théâtre de Dunkerque ou de Carpentras, vient de monter ladite pièce, et qu'elle vous laisse tout à fait libre de lui réclamer ce que bon vous semblera, tout en déclarant qu'elle ne veut pas être mêlée à ces histoires-là.

Son représentant se risque parfois jusqu'à... indiquer à l'impresario l'adresse d'un huissier, — comme il m'arriva l'an dernier à Nîmes où je trouvai en pleine représentation le *Cultivateur de Chicago*, que Timmory venait de me céder. Voici d'ailleurs la lettre du correspondant de la Société :

Nîmes, 19 août 1907.

« MONSIEUR,

« *En réponse à votre lettre du 13 courant, j'ai l'honneur de vous désigner Me Potel, huissier à Nîmes, rue Régale.*

« *Me Potel est très sérieux et très consciencieux. Vous pouvez donc lui donner directement vos instructions au sujet du règlement de l'incident concernant la représentation du* Cultivateur de Chicago.

« *Si cet huissier a besoin de certains renseignements, je les lui donnerai volontiers ; mais je désire rester complètement étranger à ce règlement, autant pour conserver de bonnes relations avec vous-même qu'avec le directeur.*

« *Veuillez agréer, Monsieur, l'assurance de ma considération distinguée.*

« *Pour le Correspondant,*

« E. DEROY. »

Vous pouvez voir par là de quelles précautions s'entoure ce brave agent qui ne veut pas d'histoires !

... Jadis, du moins, la Société remettait à tous les directeurs de province, au début de chaque saison, une liste des ouvrages retenus par les impresarii de tournées. Ainsi avertis, les directeurs n'avaient plus l'excuse de l'ignorance. Pourquoi n'en est-il plus de même aujourd'hui?

Dans l'état actuel des choses, le traité que l'impresario passe avec la Société des Auteurs lui assure tous les droits... ou pas un.

Et ce n'est pas seulement en France que les impresarii sont exposés à une concurrence contre laquelle rien ne leur permet de lutter : en Suisse, c'est bien pis encore ! Là, comme la Loi fédérale n'admet pas qu'on puisse empêcher les représentations d'une pièce éditée, il arrive qu'un directeur, vivant en bonne intelligence avec la Société, et ayant échangé un contrat avec elle, ne se fasse pas faute de monter les pièces nouvelles aussitôt après leur apparition en brochures.

... Arrivant un jour à Genève pour y jouer *Ma Bru*, de Carré et Bilhaud, dont j'avais le privilège, j'envoyai, selon l'usage, mon régisseur au théâtre vers deux heures pour régler les questions de décors et d'accessoires... Il fut reçu de la façon la plus courtoise par les employés qui lui dirent, non sans quelque ironie :

— Ça n'était pas la peine de vous déranger! Nous avons joué votre pièce hier soir!

Il me serait trop facile de multiplier les documents et les citations.

Puisse la Société des Auteurs en conclure que l'exclusivité du privilège est pour les impresarii une mesure urgente, nécessaire, simplement juste et honnête.

Qu'elle nous l'accorde donc... et qu'elle supprime, par compensation, cette autre mesure ridicule, inutile et vexatoire : l'application du minimum!

Le Minimum

Le minimum est, comme beaucoup de personnes sont en droit de l'ignorer, la somme qu'un impresario est toujours forcé de verser à la Société, quand la recette descend au-dessous des prévisions normales.

Or, exiger de l'argent de quelqu'un à qui l'on en fait perdre, ne voilà-t-il pas, si j'ose dire, un passe-droit... d'auteurs tout à fait injustifiable et abusif?

... Par exemple, une tournée a un traité de 6 0/0 avec la Société. Elle fait deux cents francs dans une ville où le minimum est de quarante-huit francs. On lui prend donc *trente francs de plus qu'elle ne devrait payer.* L'impresario est le premier et le seul à en souffrir Pourquoi est-ce le jour même où il devrait être aidé et soutenu, qu'on vient lui demander plus qu'il ne doit en réalité?... Si l'auteur a estimé sa marchandise à 6 0/0, pourquoi ce jour-là l'impresario se trouve-t-il forcé de la lui payer au taux de 24 0/0?

L'auteur ne gagne d'ailleurs rien à ce jeu, car il va sans dire que le plus souvent l'impresario se rattrape dans la première ville où la pièce fait recette. Mais n'est-il pas grotesque et odieux d'en être réduit à ces stratagèmes et à ces supercheries d'écolier envers des auteurs qui devraient protéger et aider ceux qui passent leur existence à leur faire rapporter des droits?

Cette façon de procéder constitue une véritable provocation à la fraude en même temps qu'un aveu de mauvaise organisation.

Il arrive souvent que dans un théâtre, comme celui de Genève, où l'on fait en moyenne 2.000 francs, le montant des frais soit à très peu près égal à celui des recettes, ce qui n'empêche pas l'auteur de toucher 160 ou 200 francs, selon que ses droits sont de 8 ou de 10 0/0.

Sans doute, le minimum des villes est, en général, peu élevé : il varie de 12 à 48 francs par multiple de 6, mais, par contre, le minimum des casinos est absolument scandaleux et disproportionné; il est établi, en effet, non pas sur l'importance des recettes, mais sur le prix des places! A Aix-les-Bains, par exemple, quand les places se vendent 7 francs, le minimum est de 160 francs... Si une cause quelconque (feu d'artifice dans le Parc, retraite aux flambeaux, orage épouvantable) vient brûler... ou noyer le succès de la tournée, et que la recette n'atteigne même pas 500 francs, l'impresario n'en est pas moins forcé de payer 160 francs de minimum... ce qui fait du 32 0/0.

A cela, l'on vous répond qu'à Aix on applique un minimum de 160 francs pour la raison que les premières coûtent 7 francs ; mais l'impresario a beau ne pas vendre une seule place à ce prix-là, ça ne fait rien, on lui applique le minimum de 160 quand même ! C'est l'imbécillité dans la malhonnêteté.

... Toutes ces perceptions fantaisistes ont été établies un peu à la façon du calendrier prophétique de ce « Jeune Major » qui écrivait au hasard sur l'almanach de la semaine suivante :

Mardi. — Beau Temps, avec quelques ondées.
Mercredi. — Pluie, avec quelques éclaircies.
Jeudi. — Pluie et vent.

— Oh ! papa, lui dit son gamin qui le regardait travailler, jeudi, mais c'est mon jour de sortie !

— Alors, mon petit, reprit le prophète, s'il n'y a que cela pour te faire plaisir, nous allons mettre : *Jeudi. — Beau Temps.*

... Ce que je reproche surtout au minimum, ce n'est pas tant son fonctionnement arbitraire que son principe même : le minimum est une mesure qui invite à la fraude, et je voudrais bien pouvoir exercer mon métier honnêtement !... Je le disais un jour à feu Émile Roger, agent général de la Société. Il me répondit qu'il n'ignorait point que la Société était volée par la plupart des impresarii et que le minimum était justement une assurance contre de telles fraudes... d'où je ne puis m'empêcher de conclure douloureusement que celui qui ne vole pas est une poire !

Les droits d'auteurs ont été calculés en tenant compte des vols faits et de toutes ces supercheries courantes de directeurs et d'impresarii, que je ne puis mieux comparer qu'à la *gratte* classique du sergent-major ! Ce sont donc comme toujours, les honnêtes gens qui paient pour les autres.

Tel est le sens de cette lettre que j'écrivais l'an dernier à M. Robert Gangnat, le très aimable agent général de la Société.

« Mon cher Monsieur Gangnat,

« *Je tiens à porter à votre connaissance, encore une fois, les abus regrettables qui, dans certains casinos, sont commis au nom de la Société des Auteurs.*

« *Ma tournée Cora Laparcerie qui doit payer 7,70 0/0 a réalisé à Évian 1.005 francs de recette et votre agent a perçu 120 francs.*

« *Le lendemain à Aix la recette de notre tournée a été de 912 francs et votre agent a exigé un minimum de 160 francs.*

« *Puisque vous êtes en train d'apporter, dans le mode de perception des droits, des modifications si longtemps attendues, je vous prie instamment de soumettre le cas que je vous signale à la Commission de la Société des Auteurs. Elle reconnaîtra certainement l'urgence de faire cesser un état de choses qui pourrait servir de prétexte à de fausses déclarations en d'autres villes, et excuser en quelque sorte les fautes de certains directeurs qui pourraient se croire en état de légitime défense.*

« *Veuillez agréer, mon cher Monsieur Gangnat, l'expression de mes sentiments les meilleurs.* »

On ne m'accusera pas du moins de faire des mystères et de couvrir d'un silence complice, de petites opérations qui ne me plaisent guère, — et dont je voudrais voir supprimer la cause, — ce qui prouve assez, je pense, que pour mon compte, je n'en profite point!

La Petite

Et maintenant que j'ai traité librement et sans détours ces deux questions si importantes de l'exclusivité et du minimum dont la solution dépend de la Société des Auteurs, je voudrais en passant, dire un mot *à la Petite*...

Ne vous effrayez pas, et ne me prenez pas pour un satyre!... Entre gens de théâtre, on appelle *la Petite* la Société des Auteurs et Compositeurs de musique! Eh bien! la Petite est devenue très gentille en grandissant!... Elle a bien *profité*, comme on dit *cheux nous*! Elle a fait beaucoup de progrès... Je veux dire par là qu'aujourd'hui l'on y traite le client un peu moins arbitrairement.

Il serait à souhaiter néanmoins qu'elle poursuivît ses réformes en exonérant de tous droits, si minimes qu'ils soient, les tournées qui n'empruntent pas son répertoire... (je me sens presque confus d'avoir à réclamer des choses si simples... celle-ci semble une vérité de La Palisse! mais ce n'est pas de ma faute!)

Pourquoi, par exemple, faut-il payer *à la Petite* la somme de *deux francs* (!) pour jouer à Genève le *Duel* ou *Britannicus*! La petite aurait-elle envie d'un polichinelle? Si je proteste, vous pensez bien qu'évidemment, ce n'est pas pour les deux francs... J'ai mes riches!... qui me les avanceraient au besoin... mais c'est pour le principe! Je préférerais de beaucoup que l'agent général de cette Société m'invitât à lui rapporter une boîte de cigares, même en fraude!... plutôt que de m'imposer cette mesure ridicule, vexatoire, et disons-le..., *petite*!

Les rapports des Auteurs avec les Impresarii

...Mais c'est assez parlé, je pense, de toutes ces questions de boutique.

Les auteurs dramatiques ne sont pas seulement des commerçants ou des industriels : ce sont aussi des écrivains, — et des hommes!

C'est sous cet angle... aigu que je voudrais maintenant les considérer, et dans leurs rapports *directs* avec les impresarii.

L'impresario sert d'intermédiaire entre l'auteur et tout l'immense public de la province et de l'étranger.

Ne parlons pas de l'étranger que tous les Français ignorent... ou ne connaissent que pour le préférer à leur pays natal.

Mais les quatre-vingt-six départements ne sont pas si éloignés, ni si négligeables que Paris se plaît à le croire.

Sans doute les provinces françaises n'ont pas le culte de la vie intense et brouillonne. On y vit pour soi, et non pas *en façade*, d'une vie plus profonde et plus réfléchie qu'à Paris. Mais tous les Français n'en ont pas moins le goût inné et pour ainsi dire national du théâtre. Et si l'opinion de la province diffère souvent de celle de Paris, en matière dramatique, elle n'en compte pas moins et peut infirmer, consacrer ou même créer le succès d'une pièce. La province est un terrain d'épreuve admirable : ce qu'elle applaudit, elle l'applaudit le plus souvent à bon escient, — et toute réflexion faite; et les œuvres qui lui plaisent ont les plus fortes chances de *durer*.

Eh bien, la province c'est, dans l'idée des auteurs, quelque chose entre Dunkerque et Marseille, comme qui dirait *de vagues humanités!* Elle est pour eux comme si elle n'existait pas! Ils l'ignorent à ce point qu'il est presque toujours préférable de ne pas convier un auteur aux répétitions de sa pièce avant le départ d'une tournée, et cela pour la raison qu'il est de mauvais conseil : car il ne voit jamais sa pièce qu'à travers les défauts, les qualités, et surtout les tics des acteurs qui l'ont créée sur le boulevard.

Entre cent exemples que je pourrais citer, il me souvient d'avoir acquis le privilège d'une pièce dont les deux rôles principaux étaient interprétés à Paris par des acteurs illustres. Le principal rôle d'homme était joué par un comique très amusant, adoré des boulevardiers, et dont la vue seule faisait pouffer toute la salle; le rôle de femme était tenu par une étoile célèbre, la belle fille par excellence, élégante et parisienne jusqu'au bout des ongles. Or, pendant toute la pièce, le comique qui n'est pas beau, se faisait un jeu d'embrasser et de serrer de près cette jolie femme dont la grâce faisait avec sa laideur le contraste le plus amusant. C'était, à chaque fois, un effet sûr et qui soulevait des tempêtes de rires... Malgré les remontrances de l'auteur, j'ai monté la pièce en tournée avec une belle fille et un joli garçon. J'ai eu lieu de m'en féliciter, car le succès fut éclatant... et je maintiens que partout en province on se fût révolté contre les privautés d'un vilain bonhomme avec une fille jolie comme un amour. Tout l'effet qui tenait uniquement à l'individualité des interprètes parisiens se fût retourné contre la pièce, — et je m'applaudis de n'avoir point suivi les conseils de l'auteur.

...Du reste, il est très rare que l'auteur se dérange pour venir se rendre compte de l'interprétation d'une tournée. « Ça va comme ça! » et tout lui paraît assez bon pour les provinciaux. Et je dois convenir qu'il lui serait assez difficile parfois de demander à l'impresario une meilleure interprétation : car celui-ci n'aurait aucune peine à lui démontrer, chiffres en main, que cela serait tout à fait impossible, en égard au contrat que l'auteur lui impose.

Je le sais pertinemment... pour en avoir été victime : j'avais naguère assuré un minimum de 14.000 francs pour une pièce dont l'interprétation comportait dix-huit personnes. Avec les frais de publicité, de théâtre et de troupe, il fallait compter sur un total de 1.100 francs de frais par jour. Or, les théâtres où cette recette est possible ne me donnèrent à eux tous que 7.000 francs de droits, de sorte que pour arriver à parfaire le minimum convenu, je dus me promener pendant de longs mois dans des villes où j'étais sûr par avance de ne pas faire mes frais. En accomplissant ce triste pèlerinage, je n'avais d'autre but que de perdre une somme inférieure au complément des droits.

Ah ! les pauvres impresarii en voient de rudes et en avalent de salées ! Il va sans dire que les auteurs ne leur en gardent aucune reconnaissance. En cela, ils sont pareils aux étoiles. Ni les uns ni les autres ne se rendent un compte exact de toutes les peines que se donne l'impresario pour les mener au succès.

Les auteurs ne se croient tenus à aucune gratitude... Le plus souvent ils se disent, — et ils vous disent :

— Mon nom suffit !

Eh bien ! non, pas du tout ! et je suis navré de leur causer une petite désillusion : mais il n'y en a pas un dont le nom seul puisse faire sûrement recette. Le public retient quelquefois le titre d'une pièce : il ne retient presque jamais le nom de l'auteur.

Le nom du plus célèbre des auteurs (on n'a que l'embarras du choix !) offre pour le public un attrait certainement moindre que le nom du plus célèbre de nos comédiens et les « M'as-tu vu » l'emportent là sur les « M'as-tu lu »... Une pièce, même quelconque, jouée par un acteur en vogue peut devenir une brillante affaire, alors qu'il est toujours très hasardeux, sinon très dangereux, de se mettre en route avec une pièce célèbre interprétée par des inconnus.

Il n'y a d'exception que pour les *immenses succès* : encore est-elle extrêmement rare : et dans ce cas, le succès se borne à la pièce universellement applaudie, et ne rejaillit pas sur les autres œuvres du même auteur... Comme Rothschild dans la ballade de Banville : il faut qu'il recommence !

Tournées et Troupes sédentaires

...Je ne voudrais pas terminer ce chapitre, déjà trop long pourtant, sans traiter une question sur laquelle il me semble un peu que je puis donner un avis motivé :

Un auteur a-t-il intérêt à céder sa pièce à un impresario qui s'occupe de la faire jouer dans toutes les villes de France, Suisse et Belgique ?

Ou vaut-il mieux pour lui, traiter avec les théâtres des villes qui possèdent une troupe de comédie sédentaire?

A mon avis, si la pièce est un grand succès parisien, l'intérêt direct de l'auteur lui commande de s'adresser à un impresario habile qui se chargera de faire connaître la pièce partout avec une distribution sûre... d'autant que cela n'empêchera nullement les directeurs provinciaux de reprendre la pièce après le passage de la tournée, celle-ci ne restant jamais assez longtemps dans la même ville pour épuiser un grand succès. La réussite d'une pièce en tournée lui assure la clientèle de ceux qui l'ont applaudie... et celle de ceux qui n'ont pu la voir, mais qui s'y rendent parce qu'ils en ont entendu parler. Le cas est d'observation constante et facile à contrôler. Il s'est reproduit pour *Madame Sans-Gêne*, pour *Cyrano*, pour les *Deux Gosses*, pour la *Dame de chez Maxim*, enfin pour tous les grands succès du théâtre contemporain... Lorsque j'ai pris *L'Anglais tel qu'on le parle*, j'ai eu beaucoup de difficulté à convaincre Tristan Bernard de cette vérité, pourtant indiscutable : il prétendait que ma tournée empêcherait tous les directeurs de monter sa pièce... Qu'en pense-t-il aujourd'hui ?

Un Client sérieux
Affiche de Grün pour les Tournées Ch. Baret.

CHAPITRE XI

LES MUNICIPALITÉS

PRÉCAUTIONS ORATOIRES

Dieu m'est témoin que j'aurais voulu ne point parler ici de politique !... Mais le malheur est qu'en France, on ne puisse faire autrement. Dans notre pays, il n'y a pas de livreur d'eau de Seltz qui n'ait son opinion sur la question d'Orient et aux tables de tous les cafés de province (pour ne pas parler de ceux de Paris), on critique les actes du Gouvernement et on refait la carte de l'Europe entre un vermouth grenadine et un amer citron. La Politique et l'Apéritif sont nos deux fléaux nationaux : ils exigent exactement les mêmes aptitudes et, si j'ose dire, la même capacité.

Ailleurs, en Angleterre par exemple ou en Allemagne, les affaires d'État sont confiées à une élite d'hommes éminents qui ont cru devoir se donner la peine d'apprendre à gouverner et à administrer un grand pays. Il n'est pas rare qu'on y voie des amiraux s'occuper plus spécialement des choses de la marine, des soldats travailler à l'organisation de l'armée, des financiers surveiller les fonds publics. Chez nous, c'est à peu près tout le contraire et l'on peut affirmer que le peuple français est composé en majorité de gens qui s'occupent de ce qui ne les regarde pas.

Le Français, né malin et devenu électeur, se croit apte à toutes les besognes ; et, par un besoin naturel, il met de la politique partout où elle n'a que faire.

Les municipalités de nos villes de province se sont bien gardées de manquer à cette règle générale, et depuis quelques années surtout, elles ont introduit la politique dans les questions théâtrales. Elles ont traité le théâtre en pays conquis ; elles en ont fait une succursale de la mairie, du café, du bureau de bienfaisance et de la salle des délibérations. On y danse, on y pérore, on y tient des meetings, on y offre des vins d'honneur et des apéritifs d'encouragement, on y célèbre la réhabilitation des forçats innocents, on y organise des solennités civiques, et bientôt sans doute on y chantera la messe et les vêpres laïques selon l'Evangile de Saint Hervé !

Je vous demande un peu ce que vient faire là-dedans le malheureux directeur de tournées qui affiche... un spectacle et la prétention d'*accaparer* le théâtre pour y jouer la comédie, le drame ou le vaudeville ! C'est un intrus, un empêcheur de danser en rond, et l'on fait tout pour le dégoûter de son métier...

Les municipalités commencent par lui imposer des conditions draconiennes. Partout, leurs exigences s'accroissent de jour en jour...

Il y a quelque dix ans, les conseils municipaux étaient moins socialistes et montraient encore d'autres préoccupations que celle de tenir fortement l'assiette au beurre. Ils cherchaient à encourager les tournées artistiques en les exonérant des frais d'éclairage, du droit des pauvres, de l'assurance et de tous ces impôts déguisés qui font des entreprises théâtrales le plus ruineux de tous les commerces.

Aujourd'hui, le directeur de tournées est devenu taillable et corvéable à merci. Partout les municipalités basent les frais du théâtre sur la grosse recette, et l'impresario est enfermé dans ce dilemme : faire le maximum ou faire faillite. Il aimerait mieux choisir le premier parti : mais cela ne dépend pas de lui! Aussi ne faut-il pas trop s'étonner que certains impresarii en aient été réduits pour attirer le public à organiser des tournées à scandale et à offrir des spectacles où le souci de l'art était remplacé par le désir de réveiller l'animal qui sommeille au cœur de tous les pauvres hommes!

La plupart des municipalités exigent, pour la location du théâtre, des conditions qui équivalent à un refus formel.

Même dans des villes de cinquième ou de sixième ordre comme Lorient, Valenciennes, Angoulême, le prix de la salle varie entre 150 et 200 francs.

Parlons un peu du Bordereau!

Le bordereau des frais de soirée dans certaines villes est un véritable scandale : il semble que le théâtre serve à acquitter toutes les dépenses de la municipalité.

Ici, l'on paie le conservateur du théâtre (alias : Sa Majesté le Concierge!)... là, on est appelé à soutenir des œuvres de bienfaisance ou à participer à des libéralités locales.

... Tel est le cas de la ville de Saint-Étienne où la prime de location est acquise à l'*Orphelinat municipal* et cela, bien entendu, en dehors du droit des pauvres qui est partout prévu.

J'ai eu la curiosité de savoir ce que pouvait être cet orphelinat que mes tournées contribuaient à faire vivre. Un fonctionnaire voulut bien me répondre :

— *Le nom seul, orphelinat municipal, doit vous donner idée de cette institution. c'est un établissement de bienfaisance institué sous les auspices de la municipalité de Saint-Étienne, ayant à sa tête un directeur appointé par la municipalité et créé dans le but de* **retirer** *les jeunes enfants orphelins stéphanois.*

Les retirer de quoi? mon Dieu!... de la circulation, peut-être?

— Il va sans dire que beaucoup de personnes charitables font des dons en faveur de cette bonne œuvre et souvent, à l'issue de quelque fête ou d'un banquet quelconque, une collecte est faite pour que le produit en soit versé à cette institution.

C'est là toute la définition que je puis vous en donner.

... Évidemment! et mon cœur se remplit d'une juste commisération pour les jeunes enfants que le malheur réduit à être à la fois orphelins et stéphanois.

Mais que voulez-vous? j'ai mes pauvres... et les premières personnes qui m'intéressent, ce sont les artistes que j'emmène en tournée : ils ne sont pas tous orphelins, puisque, comme dit Jules Renard, tout le monde ne peut pas être orphelin, mais ils ont besoin de gagner leur vie. Ah! s'ils avaient une bonne sinécure, un traitement fixe et assuré comme celui du Directeur de l'orphelinat en question... alors je ne dis pas, ils pourraient faire de l'art pour le plaisir! Mais de quel droit la municipalité stéphanoise veut-elle me faire partager ses bonnes œuvres? La charité ne s'impose pas et il n'y a pas de mérite à la faire faire par les autres...

A moi, Auvergne!

... Je ne sais pas si vous vous êtes demandé quelles conditions il faut remplir pour donner une représentation à Aurillac (Cantal)? Je prends cette ville au hasard parce qu'elle peut servir d'exemple pour toutes les autres, et puis parce que j'ai sous la main la lettre imprimée que la municipalité envoie aux directeurs de tournée.

La voici, dans toute sa beauté officielle :

Monsieur le Directeur,

Comme suite à votre demande du . . . courant, j'ai l'honneur de vous informer que le théâtre de la ville ne pourra être mis à votre disposition pour y donner une représentation de . . . . . qu'après :

1° Envoi **immédiat** (souligné dans le texte) *de la somme de* *vingt-cinq francs, montant du prix de location de la salle de spectacle.*

(Qu'aurait dit Gustave Flaubert devant cette cascade de *génitifs!*)

2° **Fixation précise** *du jour de la représentation. Le théâtre est actuellement disponible du au*

3° *Acceptation des clauses et conditions ci-après :*

a) — *Le théâtre vous est accordé sans garantie de priorité de représentation, ni de délai quelconque soit avant, soit après votre passage.*

b) — *Vous ne pourrez prétendre exercer aucun recours si, pour cause de force majeure, le théâtre ne peut être mis à votre disposition au jour dit; il en sera de même si vous êtes avisé, huit jours au moins à l'avance, que pour une cause quelconque, il est indisponible.*

Mais il me semble bien, si j'en crois la tradition de la justice, que tout engagement est fondé sur la *réciprocité*. Et donc, l'impresario, *ayant versé des arrhes,* se trouverait en droit, lui aussi, de changer la date de sa tournée au cas où il serait victime d'un caprice de la municipalité. Pour peu que trente villes de son itinéraire se réservent le même droit, je vous demande un peu quel genre de tournée on ferait!

C'est fou!

— *Vous aurez donc à me faire connaître votre itinéraire des huit jours précédant votre arrivée; faute par vous de fournir cette indication, vous perdrez tout droit à réclamation quelconque.*

c) — *Le prix des places porté au tarif ne peut être augmenté dans aucun cas.*

d) — *Une loge baignoire est réservée pour le secrétaire ou, sur sa demande, pour les employés de la mairie.*

e) — *La location des places ne peut être faite qu'au théâtre même, par vos soins et à vos frais. (S'adresser à la concierge du*

Affiche de JOSSOT

pour les Tournées "Ch. BARET"

Tournée Ch. Baret

Max Dearly

Le célèbre comique du Théatre des Variétés

théâtre.) La location donne droit à la perception de 10 0/0 en sus de la place.

Si dans les cinq jours d'aujourd'hui, vous n'avez pas souscrit à toutes les obligations ci-dessus, votre demande sera considérée comme nulle et non avenue.

Veuillez agréer, etc.

... Je ne sais pas pourquoi je pense à ce personnage du *Monde où l'on s'ennuie* qui disait :

— J'entends comme un vague Auvergnat !

Mais enfin, je comprends tout de même et mon désir d'initier nos vaillantes populations du Cantal aux joies du théâtre se trouve, je ne sais pourquoi, un peu atténué.

Ce n'est pas tout, pourtant : il y a un post-scriptum :

P. S. *Voir au dos pour frais de représentation et autres renseignements.*

In cauda venenum!..... voir au dos... Le mien se creuse d'un sillon d'angoisse à pressentir ce que je vais trouver de l'autre côté de la page. Et, comme je m'y attendais vaguement, j'y trouve le détail des frais de représentation, *dans lesquels n'est pas comprise*, bien entendu, la location de la salle...

Et ce petit état ne fait aucune mention des entrées de faveur... que doivent englober tous les hommes politiques de la ville!

Il m'en coûtera donc au bas mot 150 francs de frais pour donner une représentation dans un théâtre où le grand maximum ne peut dépasser 800 francs.

Ajoutez à cela mes frais personnels, l'entretien de ma tournée, les cachets de mes artistes, les droits d'auteur, etc., et vous comprendrez que l'art dramatique risque fort à Aurillac de rester dans le marasme.

Petits Frais

Mais cette cité auvergnate ne constitue point, comme vous le pourriez croire, une exception amusante et singulière.

Il en est de même à peu près dans toutes les petites villes de province.

Des bandes de fournisseurs protégés par la municipalité attendent les tournées... un peu comme les brigands de la Calabre attendaient les voyageurs!

Dans une grande ville du centre, que traverse un fleuve glorieux, la municipalité impose aux tournées un coiffeur auquel il faut bien se garder de confier une perruque car il vous rendrait de la charpie; il ne sait pas son métier, mais il fait de la politique; c'est un électeur influent et contre cela il n'y a rien à faire.

Dans beaucoup de villes de province, on porte bravement sur le bordereau des frais cent francs d'éclairage, alors que la dépense *réelle* est de trente à trente-cinq francs : mais ce sont « les cigares de l'adjoint des Beaux-Arts! »... et s'ils n'éclairaient pas, il faut bien reconnaître qu'ils brûlent. Ailleurs, on paie le gaz qui a servi pendant la semaine précédente à faire la cuisine du concierge. Et si les impresarii ont maille à partir avec ces frais d'éclairage exhorbitants, les frais de chauffage ne les épargnent pas!

En province règne partout une double fatalité singulière :

Ou les théâtres ne sont pas chauffés l'hiver.

Ou le calorifère ne marche pas.

Il va sans dire que l'impresario n'en paie pas moins ses vingt-cinq francs de charbon... qui doivent servir à chauffer l'œuvre des Vieillards Orphelins ou des Victimes du 2 Décembre.

J'oserai même attirer l'attention des météorologistes sur une anomalie singulière... et qui pourtant n'est pas unique.

A Aix... *an* Aix, comme ils disent gentiment là-bas, la température du théâtre est toujours inférieure à celle de la rue. Quand il fait — 2° au dehors, on peut être sûr qu'il fait — 6° dans la salle. C'est peut-être pour cela qu'avec les meilleures troupes on y fait *moins cinq* !

Et vous pensez bien que les municipalités s'en voudraient de ne point tirer du mobilier et des accessoires le même parti que de l'éclairage, du chauffage et de tous les autres frais.

Un Tapis productif !

Je ne veux pas vous promener dans toutes nos villes de province : mais j'aimerais à poser un instant la question sur un tapis légendaire et caractéristique ; je veux dire le *Tapis* du *Théâtre de Rouen* !

Il vaut une ferme en Beauce, un denier d'Anzin, une action du canal de Suez !

Songez que la municipalité en autorise la location à chaque tournée pour la somme de vingt-cinq francs. Comme il passe à Rouen une trentaine de tournées par an, vous vous rendrez compte par un calcul simple et pythagoricien, que, pour peu que ce tapis illustre serve depuis dix ans, il a déjà rapporté *sept mille cinq cents francs* !... Et ça continue ! Jamais certes, les magasins de la place Clichy n'ont autant gagné sur leurs plus beaux Daghestans !

Si la municipalité rouennaise pouvait louer dix tapis dans les mêmes conditions, elle s'assurerait au bout de dix ans une somme de soixante-quinze mille francs... de quoi acheter plusieurs consciences de politiciens!

Et le mobilier du théâtre de Valence!... il a bien droit lui aussi à quelque considération!... Il se compose exactement d'un canapé à trois pieds, de quatre fauteuils ébréchés et de deux chaises percées. Un commissaire priseur ne donnerait pas dix francs du tout : il n'empêche que chaque tournée paie un droit de vingt francs pour location de mobilier... c'est un petit placement à 200/100.

— Il sied de reconnaître toutefois que la lésinerie des municipalités n'empêche point certaines d'entre elles de consacrer mille francs quand il le faut... à l'achat de plaques commémoratives destinées à perpétuer jusque dans la postérité la plus reculée le souvenir des bienfaits dus à leur gestion!

LES CONCURRENCES!

Non contentes de susciter tant d'embarras aux malheureux impresarii, les municipalités ne se gênent pas pour leur créer des concurrences qui, dans toute autre profession, soulèveraient des procès à n'en plus finir. Elles favorisent de tous leurs pouvoirs l'industrie des acrobates, des gymnastes et des bateleurs, et certes je ne veux point dire de mal de ces braves gens qui gagnent durement leur vie en la risquant courageusement : je les aime beaucoup parce qu'ils savent presque toujours leur métier. Maïs pourquoi ne pas leur assigner une place et une heure où ils pourraient *travailler* en paix sans gêner personne. Combien de fois mes tournées en arrivant dans une ville ont-elles trouvé, installés à la porte même du théâtre, un cirque ou une ménagerie??

Vous avez l'air de rire!... Mais il faut bien vous imaginer que quel que soit l'attrait du spectacle, il n'y a pas à lutter contre un bateleur, contre ceux surtout qui travaillent *en plein air*... Le public prévoit bien qu'après leurs exercices « ils feront le tour de l'honorable société »... Mais chacun se flatte du secret espoir de pouvoir *filer* auparavant, et le résultat est que tout le monde reste là, le nez en l'air et la bouche bée, et laisse passer l'heure du spectacle qui se donne au théâtre!

Pendant quatre années consécutives, par un singulier hasard, toutes mes tournées de passage à Albi eurent à subir la concurrence d'un danseur de corde qui travaillait sur la place du Théâtre aux heures de représentations!... Or il n'en donnait jamais qu'une seule à Albi : vous conviendrez que si la municipalité avait voulu prendre les mesures nécessaires, il aurait tout aussi bien pu exercer sa profession la veille ou le lendemain de notre passage... J'ignore le nombre exact des habitants d'Albi... mais en admettant qu'ils soient 22.571, je puis vous certifier qu'ils étaient 45.142 sur la place du Théâtre à applaudir ce danseur de corde. La vérité me fait un devoir de convenir qu'il se montrait tout à fait merveilleux... Mais si vous aviez vu nos recettes!

La municipalité d'Albi voulut bien écouter mes légitimes réclamations. Elle me promit qu'à l'avenir je ne trouverais plus de danseurs de corde sur la place publique à l'heure de mes représentations. Elle tint parole : à la tournée suivante, j'y trouvai un grand cirque américain.

Mais ce ne sont pas seulement les gymnastes, les cirques et les ménageries qui créent aux tournées une concurrence redoutable. Les théâtres forains leur font un tort plus direct encore... Alors qu'ils ne paient à la Société des Auteurs qu'un droit *uniforme* et qui n'excède pas cinq francs pour le plus grand nombre, ils s'avisent souvent de jouer les nouveautés sans aucune espèce d'autorisation...

Je ne puis mieux faire que de vous citer quelques passages d'un spirituel article, et très documenté, publié par R. Trébor dans *l'Écho de Paris*. Vous y pourrez voir comment les *banquistes* exercent leur industrie :

« Voici ce qui se produit neuf fois sur dix :

« Une tournée annonce quinze jours, trois semaines, voire un mois à l'avance qu'elle jouera le dernier grand succès du Boulevard. Que fait alors le directeur de la « banque »? En

« cinq secs », il fait apprendre et répéter, et, la veille ou l'avant-veille de la représentation de la tournée, il donne la pièce. Résultat : la tournée « ne fait pas le sou » : l'auteur, au lieu de toucher 50 ou 100 francs, touche 100 sous, et je ne parle pas ici du directeur de la tournée qui, avec ce petit jeu plusieurs fois renouvelé, fait faillite.

« Certes, de tels événements ne devraient pas se produire. Dans chaque ville, presque dans chaque village, la Société des Auteurs a un représentant. Ce représentant doit non seulement percevoir les droits, mais il doit, en outre, veiller à ce que les théâtres, placés sous sa dépendance, ne jouent que les pièces autorisées. Malheureusement, ce représentant est un « homme », c'est-à-dire un être sujet à de nombreuses faiblesses. Le directeur de la « banque », qui ne l'ignore pas, est rempli pour lui de petites prévenances, de délicates attentions. Aussi quand le théâtre forain affiche *Le Voleur* ou *Mademoiselle Josette, ma femme*, l'agent met-il sur la feuille, qu'il envoie à la Société, *Le Bossu* ou *Le Courrier de Lyon*, et le tour est joué.

« Les auteurs ont, il est vrai, la ressource de ne pas faire éditer leurs pièces. Piètre ressource, car les directeurs de « banque » sont des malins. Ils emploient des « ruses d'apaches » pour se procurer les manuscrits; certains vont même jusqu'à soudoyer des régisseurs de tournée peu scrupuleux.

« Ainsi les théâtres forains lèsent les intérêts des auteurs dramatiques et ils sont, en outre, un danger pour les tournées sérieuses. Nul n'ignore, en effet, que, depuis quelques années, l'industrie des tournées périclite Quelques noms font beaucoup d'argent, certes, mais c'est l'exception. La plupart des tournées végètent ou font faillite et, comme je le disais, la concurrence déloyale des théâtres forains n'y est pas étrangère.

« Et surtout qu'on ne croie pas que j'exagère. Auguste Germain ou moi pourrions vous raconter une aventure semblable arrivée à la tournée de *Fred* dans une ville du Midi, mais j'aurais l'air de faire un plaidoyer *pro domo* et je préfère vous dire ce qui est arrivé à une des tournées de *Tire-au-Flanc*! la légendaire pièce d'André Sylvane et de mon « vieil » ami André Mouézy-Eon.

« L'impresario de *Tire-au-Flanc* avait donné l'été dernier quelques représentations de cet hilarant vaudeville à Charenton. Devant le succès obtenu, l'impresario résolut de revenir pour les fêtes de Noël et du Jour de l'An. Il prévint donc le représentant de la Société de son intention, et lui montra un papier comme quoi il avait le privilège exclusif des représentations de *Tire-au-Flanc*. Or, quand il revint, à l'époque convenue, un théâtre forain, installé à Charenton, jouait depuis deux jours *Tire-au-Flanc* ! L'impresario ne put donner ses représentations.

« Et ce cas est malheureusement loin d'être unique ; j'en pourrais citer beaucoup d'autres.

« Il importe donc que la Société des Auteurs dramatiques ne considère plus cette question des théâtres forains comme une quantité négligeable. Il faut ou qu'elle augmente leur tarif d'abonnement, — pensez que la plupart de ces théâtres font des semaines d'environ 2.000 francs pour 40 francs de droits à payer, — ou qu'elle choisisse avec plus de soin ses représentants et qu'elle exige des directeurs de théâtres forains, au début de chaque année, par exemple, un itinéraire des villes où ils désirent jouer et le programme *exact* des pièces qu'ils comptent représenter.

« ... La Société des Auteurs? Oui, sans doute. Mais les municipalités ne pourraient-elles aussi prendre des mesures ? Il est vrai que les choses du théâtre leur sont si étrangères, — sauf pour en tirer parti ! »

Comme je l'ai déjà dit (au précédent chapitre), une commission théâtrale se compose le plus souvent d'un négociant en vins, d'un architecte et d'un vétérinaire.

Ne sutor ultra crepidam !... pourrait-on dire aux municipalités dans un langage qui ne les blessera pas...

CONCLUSIONS

Et alors?

Alors, je souhaiterais que ce petit livre ne fût pas seulement utile aux organisateurs de tournées et aux impresarii et que le public qui s'intéresse si vivement aux choses du théâtre y trouvât aussi son compte.

Je n'ose espérer la réalisation prochaine de toutes les réformes que j'ai proposées. Et, sans doute, il passera encore pas mal d'eau sous les ponts avant que la Société des Auteurs ait amélioré son mode de perception, supprimé le Minimum et garanti le Privilège des impresarii, — avant que les architectes se soient décidés à construire des théâtres pratiques et confortables, — avant que les municipalités aient compris que les scènes de province ne sont pas une succursale du Bureau de Bienfaisance ou de l'Hôtel de Ville. Pourtant, je crois qu'il n'est jamais inutile de dénoncer un abus ni de signaler une erreur.

Mais si mes lecteurs peuvent conclure de ce traité que Paris n'est pas toute la France et qu'il importe de vulgariser et de répandre partout, en province et à l'étranger, notre littérature et que la décentralisation artistique devient plus nécessaire de jour en jour, je me tiendrai pour satisfait.

J'ai cherché à résumer ici le résultat de quinze ans d'expérience. On s'étonnera peut-être qu'après avoir surtout démontré les difficultés de ma profession, je continue à l'exercer et à lui consacrer toutes mes forces. Cela tient à ce que, lorsqu'on aime son métier, c'est pour toujours: l'on en vit plus ou moins bien...

mais l'on s'y donne avec enthousiasme et l'on travaille, au besoin, pour rien, pour le plaisir!

Beaucoup d'impresarii se sont laissés décourager par l'incertitude de leur carrière, par tout ce qu'elle comporte de hasardeux et d'imprévu... L'avouerai-je? C'est peut-être cela surtout qui m'y attache davantage. Entre autres raisons, mon métier me plaît par ses risques et périls : j'y trouve l'attrait de l'aventure et du jeu. Et si mon expérience personnelle tend à restreindre la part du hasard, je ne suis pas fâché qu'il me soit impossible de la supprimer tout à fait... Ceux-là me comprendront, qui connaissent les voluptueuses anxiétés de la Roulette, ou même du simple Baccara.

Et tout en faisant ce qu'il me plaît, je ne m'interdis pas de penser que je rends service à pas mal de braves gens et que, peut-être, je sers la cause supérieure de l'Art et les intérêts de mon pays.

Ch. Baret.

IMPRIMERIE GERIN
DIJON - PARIS

Dessin de MICH

pour les Tournées "Ch. BARET"